Auf kurze Distanz

Thomas Böhm (Hg.)

Auf kurze Distanz

Die Autorenlesung:

O-Töne, Geschichten, Ideen

Tropen Verlag

Zettelkasten

Den unteren Teil der Seiten dieses Buches durchzieht als Bodensatz, als Ablagerung aus der Beschäftigung mit dem Thema ein »Zettelkasten«; Ideen, Zitate, Textbausteine, Anekdoten, Späße, Schrauben, an denen man auch drehen könnte, Störgeräusche, Antithesen, Inspirationen zum Weiterarbeiten, Rhizome.

Georg Klein

Letzte Lesung

Ein kleiner dunkler Saal, hoch im Verhältnis zu seiner Grundfläche, annähernd würfelförmig. Eine steile Rampe aus Sitzreihen, ganz oben der Eingang für die Zuhörer, die eintretend wie auf den Grund eines Hörsaals hinabschauen. Nur Sitze, keine Klapptischchen. Kein Scharnier, das quietschen könnte, und kein boshaftes altes Holz, das, wie auch immer aufknarrend, vor allem von der Unbehaglichkeit des auf ihm lastenden Hinterns erzählen würde. Stattdessen moderne, fast sesselartige Plätze, deren schwarze Lehnen dazu verführen, sich zurückfallen zu lassen. Fast könnte man den Kubus für den Vorführraum eines Kinos halten, sähe man nicht aufblickend, daß seine Decke verglast ist, daß zwischen den Streben der Dachfenster Nachtwolken über den mondhellen Himmel hetzen.

Alle Plätze sind besetzt. Ein schöner Überschuß an Besuchern hat sich zudem auf dem Teppichboden der Treppe niedergelassen. Viele halten ein Glas, eine Flasche oder eine Tasse in der Hand, denn im Vorraum werden Getränke verkauft: Mineralwasser, Bier, Wein und auch frischer Kaffee, so gut und so stark, daß sein Duft der kommenden Lesung wie ihr Aroma vorausgeht. Damit läßt sich warten. Leichthin findet das Publikum in jenes gespannte Murmeln und Wispern, das der Veranstaltung, der erklärten letzten Lesung des Schriftstellers, schon vor ihrem Anhub die richtige Reverenz erweist.

Wie anderenorts glauben auch hier im Saal die Alten am besten zu wissen, was gleich kommen wird. Und seiner Sache besonders sicher wirkt ein zierlicher Greis, der sich, weil er ein wenig schwerhörig ist, in die Mitte der ersten Reihe gesetzt hat. Einen Urleser hat er sich eben genannt und darauf hingewiesen, daß er nach Lebensjahren der Vater des gleich Vortragenden sein könnte. Damals, als er den Schriftsteller im Jahr seines ersten Buches auftreten gesehen habe, sei er selbst frisch aus seiner Berufstätigkeit geschieden gewesen und habe unerwartet frei, fast wild vor den neuen Romanen gestanden. Heute abend, zwei Jahrzehnte später, spiele er mit dem Gedanken, das Buch, das er damals signieren ließ, er-

neut für Datierung und Unterschrift vorzulegen. Ein wenig zwiespältig sei ihm allerdings bei dieser Absicht zumute. Ihn schrecke die Vorstellung, die Jüngeren hinter ihm würden Zeugen des Eifers, mit dem er sich seine Lesespanne bestätigen ließe, zugleich jedoch fühle er sich tief berechtigt, just diese Gier, wie etwas durch Verdienst Erworbenes, vor den Nachdrängenden öffentlich zu machen.

Durch die Gespräche der jungen Besucher raunt währenddessen, von der Theke kommend, ein Gerücht: Der Schriftsteller sei ernstlich erkrankt. Wer jetzt da sei, könne sich in Bälde damit brüsten, ihn vor seinem Hinscheiden noch erlebt zu haben. Aus einer Spezialklinik, vor erniedrigenden Untersuchungen, weg von den pausbäckig gesunden Gesichtern seiner Ärzte, fliehe er noch einmal vor sein Publikum. Kein Wort davon ist wahr, aber das Lügenmärchen ist dem Abend günstig. Schon genießen die Skrupellosen unter den Feinsinnigen die süße Gewißheit, fortleben zu dürfen. Und noch ein wenig süßer wird es ihnen schmecken, die Stimme des Schriftstellers als ein Organ auf Abruf sprechen zu hören.

Kurz vor dem Einlaß, kurz vor dem ersten seiner Zuhörer, war der Schriftsteller noch einmal in den Saal gehuscht. Vor allem, um die Position des Pults zu verbessern. Für den heu-

Im tibetanischen Totenbuch wird gelehrt, wie ein Lebender zu einem Sterbenden, der sich im Zwischenraum von Leben und Tod befindet, sprechen soll. Am Sterbenden ist keine Reaktion mehr auf das wahrzunehmen, was zu ihm gesprochen wird. Wir können nur sagen: Er hört. Auch von Menschen im Koma sagen wir, daß sie hören. Wir können aber nicht sagen, sie hören zu. **Johannes Goebel**

tigen Auftritt hat er genau dieses Möbel, sein Lieblingsstehpult, verlangt. Es ist aus durchsichtigem, rauchfarben getöntem Acrylglas, zierlich und standfest. Entschlossen schob es der Schriftsteller dicht vor die erste Sitzreihe und rückte es dann, nach kurzem Überlegen, auch noch ein gutes Stück weiter nach links, weg vom Eingang rechterhand, durch den er auftreten wird, hin zur linken Tür, durch die ihn das Publikum zu kommen erwartet, weil dort das Türblatt, auf Wunsch des Schriftstellers, einen deutlichen Spalt offensteht. Erst wenn sich dieser Eingang schließt, wird er von der anderen Seite ins Saallicht treten und den langen, den wirkungsvolleren Weg zum Stehpult nehmen.

Noch aber beherbergt ihn ein Hinterraum. Was sich hier an überschüssigem Mobiliar, an ins Abseits geratenen Akten, an veraltetem und neuem technischem Gerät, an Reinigungsutensilien und an Putzmitteln staut und stapelt, ist der Literatur keinen Hauch von Achtung, nicht eine Spur von Aufmerksamkeit schuldig. Einen Stuhl hat man dem Schriftsteller freigeräumt. Auf dem Schoß hält er die erbetene Tasse Kaffee. Dieser Trunk hat, auf dem Weg von der Bar, den Vortragssaal umgehend, über Gänge und treppauf treppab getragen, die ersehnte Hitze verloren. Belustigt blickt der Schriftsteller auf die nun definitiv zum letzten Mal laue Brühe, auf die letzte Gestaltwerdung jener ihm durch die Jahre immer so wichtig gewesenen Anregung vor dem Auftritt.

Kraft und Trost spendet hingegen, heute wie in all den Vorlesejahren, der Anblick seiner Tasche. Ganz am Anfang, am Nachmittag vor seiner allerersten Veranstaltung, hat er sie erworben. Und schon damals, ladenneu, besaß sie alles, was eine Herrenaktentasche braucht, um die Würde des

Wie nun, wenn man diesen Stift [des Grammophons] täuschte und ihn [...] über eine Spur lenkte, die nicht aus der graphischen Übersetzung eines Tons stammte, sondern ein an sich natürlich Bestehendes –, gut: sprechen wirs nur aus: eben (z.B.) die Kronen-Naht [des menschlichen Schädels] wäre: Was würde geschehen? Ein Ton müßte entstehen, eine Ton-Folge, eine Musik ... **Rainer Maria Rilke**

Gebrauchtwerdens auszustrahlen: Dickes Leder, solide Verschlüsse, einen Griff, der sich der Hand entgegenzuformen scheint. Da er heute abend von rechts zum Pult geht, wird er die Tasche in der Linken, also dem Publikum zugewandt, tragen. Wie immer wird er sie mit dem ersten öffentlichen Schritt in ein leicht übertriebenes Schaukeln versetzen. Sie wiegt nicht schwer, denn sie ist fast leer. Sie enthält auch dieses Mal nichts, was er zum Vortrag benötigen würde. Sein Manuskript liegt schon draußen bereit. Er wird seine Aktentasche an das linke vordere Bein des Pults stellen. So, halb angelehnt, halb auf sich selbst gesunken, soll sie die üblichen zwei, drei bedeutungsvollen Falten werfen.

Der Schriftsteller reibt sich die kalten Hände. Ungewöhnlich kühl erscheint ihm auch der breite silberne Vortragsring, den er soeben aus der Tasche genommen hat, um ihn auf den kleinen Finger der linken Hand zu stecken. Er steht auf, um ein wenig auf- und abzugehen. Er glaubt sich gesund. Zumindest hat er in all den Jahren darauf geachtet, seine Gesundheit nicht unnötig zu beeinträchtigen. Immer schien ihm klar, daß es sich nur dann von einer Tagesform zu sprechen lohnt, wenn der Lebenswandel auch der Woche, dem Monat und dem Jahr stabile Kontur verleiht. Stets, bei jeder Lesung, ist er der Überzeugung gewesen, als ein geregeltes Kollektiv vor ein zu regelndes Kollektiv zu treten. In einer seiner Lieblingsphantasien sieht er sich als ein Konglomerat winziger Gummimännchen, die in kunstvoller Akrobatik ihn, den vortragenden Schriftsteller, als ein lebendes Bild darstellen – und die den zufälligen Haufen der Zuschauer erst so, durch die perfekte Illusion ihrer kombinierten Verrenkungen, zu einem homogenen Publikum verzaubern.

Es ist Zeit. Immer hat der Schriftsteller dem Drängen jener Veranstalter widerstanden, die partout auf die Minute pünktlich beginnen wollten. Aber ebenso sicher ist sein Gespür dafür, wann der obligatorische Spätling, der chronisch letzte

In Davos und Agra las ich vor Lungenkranken, die derart diszipliniert waren, daß während der ganzen Vorlesung nicht gehustet wurde. **Josef Weinheber**

Besucher, wie ein Schlußstein das Gewölbe der Saalspannung vollendet und jede weitere Verzögerung einen Verlust an Erwartung bedeuten würde. Er greift nach seiner Tasche, feuchter als sonst – ja zum ersten Mal wirklich naß! – saugt sich der Handteller an den mit den Jahren schwarzgewordenen Henkel. Denn der Schriftsteller weiß, was da draußen in einem roten Pappdeckel auf ihn wartet. Das Manuskript des heutigen Abends besteht nur aus fünf einseitig handbeschriebenen Blättern. Gestern erst hat er den Text beim Leerräumen alter Aktenordner entdeckt. Es ist die pedantische, die bei allem Schwung bis in die I-Pünktchen hochverkrampfte Handschrift seiner Jünglingsjahre. An den genauen Zeitpunkt der Abfassung kann er sich nicht erinnern, aber es muß die Epoche seiner schriftstellerischen Grundübungen gewesen sein, jenes ferne Zeitalter, in dem er auch die Reinschrift nicht maschinell, sondern noch penibel mit Bleistift und Radiergummi anzufertigen pflegte.

Das wiedergefundene Werklein ist vermutlich das einzige belletristische Relikt jener Jahre. Nur der Zufall einer Fehlabheftung hat es, versteckt unter behördlichen Schreiben, die radikalen Textvernichtungsfeldzüge der Folgezeiten überstehen lassen. Es handelt sich um den kuriosen Versuch eines Doppelmonologs: »Monolog des Einheizers/Monolog des Eisverkäufers«. So ist das erste Blatt in etwas angeberisch wirkenden Großbuchstaben betitelt. Kopfschüttelnd und gönnerhaft schmunzelnd, hatte er gestern Nachmittag den ersten Teil, den »Monolog des Einheizers«, überflogen. Der Verfasser erschien ihm wie ein verflossener Bekannter, wie einer, der einem hinlänglich, aber zum Glück nie brisant oder peinlich nahe gekommen war. So, wie man alte Photos in geselliger Runde vorzeigt, las sich der Schriftsteller seine alten Sätze vor.

Ich verbitte mir diese schamlose Feilbietung meines Namens und meines lebendigen Körpers. Ich bin kein Preisochse, zu dem man das Publikum einlädt, damit es zusieht, wie er frißt. **Richard Dehmel** verlangt, daß ein »übliches Festmahl« nach einer Lesung in Wien im Jahre 1904 abgesagt wird.

Funkensprühend befeuerte der erste Teil, dieser »Monolog des Einheizers«, den eigenen Ablauf und schien zugleich in jeder Wendung zu wissen, daß der abbrennenden Zündschnur am Ende der Sprengstoff fehlen würde. Belustigt, aber schon ein wenig ungeduldig, hatte der Schriftsteller das vorletzte Blatt erreicht, wo, nach dem allenfalls hübschen Schluß der ersten Geschichte, der Fragment gebliebene zweite Monolog mit den Worten »Ich bin der Eisverkäufer!« anhob und ihn sogleich, über all die Jahre hinweg und ohne jeden flauen Verzug mit wirklichen Worten anhauchte – so frostig, als gelte es noch einmal, ein jugendlich hitziges Herz mit dem Eis unausgesprochener Bedeutung zu glasieren.

»Ich bin der Eisverkäufer!« murmelt der Schriftsteller, als er seine Hand auf die Saalklinke legt, und er nutzt dieses letzte Verharren, um sich in eine alberne Schutzphantasie zu flüchten: Kurz stellt er sich vor, er träte tatsächlich in einen halbverdunkelten Kinosaal, um zwischen Werbung und Film aus einem Bauchladen Speiseeis zu verkaufen. Heiß erscheint ihm seine Rechte, wie sie die Tür aufdrückt, heiß, als er sie hinter sich zuzieht, und glühend heiß pocht es in seinen Fingern, während er, die leere Aktentasche schwenkend, den Weg ans Pult bewältigt. »Ich bin der Einheizer!« hört er sich mit dem üblichen Druck, mit der ganzen Geläufigkeit, mit der raffinierten Ventilierung langjähriger Vortragserfahrung zu den Reihen hinaufrufen. Glückliche sieben Minuten Anlauf vermag der vollendete erste Monolog dem Schriftsteller zu schenken. Dann schlägt ihm das Wetter um. Sehr kalt wird es werden. Und nach anderthalb Seiten Gnadenfrist, nach dem Vortrag des Fragments, nach dem Kopfstück, soll es zum ersten Mal gelten, den Rest, den ganzen langen geilen Schwanz einer Lesung aus der Untiefe des Stegreifs zu ziehen.

Brigitte Oleschinski

Frage nach den Sirenen

Die Theorien hinter mir lassen, die antiken Bezüge, das zusammengelesene Wissen über Rhetorik und Rezitation, Stimmschulen, Sprechtechnik, das alles hinter mir lassen und nur vorangehen, in den dunklen Raum, als den ich mir jede Bühne denke, einen dunklen, blinden Raum, obwohl keine Bühne das ist: dunkel, blind, wenn ich mich auf den Weg nach vorn mache, immer sind schon die Scheinwerfer da, ein augenbetäubendes Gleißen von oben, und hinter ihnen das unsichtbare Atmen, eine atmende Erwartung, ich komme die letzten Schritte durch den Seitenraum, der voller Kulissen steht, Kulissenteile, Kabelrollen in der trüben Notbeleuchtung, über dem Durchgang ein neongrünes Schild: ACHTUNG ABSTURZGEFAHR (nicht erfunden!, tatsächlich gesehen im Theater in Bremen) –

Die Phantasie ist immer dieselbe, während die Sohlen anfangen über die Bühne zu gehen, es ist die Idee, blind zu sein, blind über die Bühne zu gehen, den weiten leeren Raum um mich nur als unfaßbare Ausdehnung zu spüren, eine dunkle Leere, und die Scheinwerfer nur wie eine Wärmescheide, so daß ich zugehe auf den fühlbaren Sog des Atmens und der Erwartung vor mir, bis die Wärme mich aufhält, dicht vor dem Bühnenrand, dicht vor dem Absturz –

Aber wieder bin es nicht ich, die da geht, wieder sind es die Sohlen eines Körpers, den ich gehen spüre, als wäre er nicht mein eigener, und was ihn nach vorn treibt, an diesen Abgrund von Wärme und Erwartung, ist etwas meinem Ich sehr Fernes, etwas, das der Reflexion kaum zugänglich ist: es erscheint nur in diesem einen Moment, in dem ich (noch »ich«, noch Absicht) den Mund öffne und dieses Ferne, Fremde aus dem Körperinnern aufsteigt, die Resonanzräume im Kopf durchquert und nach draußen austritt, davonfliegt –

I am inhabited by a cry – schrieb Sylvia Plath in dem Gedicht *Elm*, aber mich bewohnt eher ein ganzer Schwarm davon, eingeschlossene Schreie und seltsame Geräusche, von denen ich allenfalls weiß, daß sie nicht »Singen« sind, was immer Singen sonst sein mag –

14 Gedichte als *Sprechen* zu denken, hat für mich etwas Irritierendes behalten, halb verstört es mich, halb zieht es mich an, es geht eine seltsame Unruhe und Verlockung davon aus. Etwas, das ich nicht wirklich verstehe. Wobei ich mit »Sprechen« weniger eine professionelle Rezitation meine oder jene trainierte Mündlichkeit, wie sie SlamPoetry, Rap, HipHop produzieren. Ich meine die Stimme des Gedichts selbst – die Frage, ob es sie als eigene Stimme in einem physischen Sinn überhaupt gibt, oder ob die Schrift seine einzige adäquate Stimme ist. Ich jedenfalls war mir lange sicher, daß sich Gedichte heute überhaupt nicht (mehr) sprechen lassen. Was sich für mich nicht aus der Unumkehrbarkeit der historischen Entwicklung herleitete, sondern daraus, wie ich selbst Gedichte las (und lese): mit den Augen, stumm, als eine synästhetische Lesebewegung von aufwühlender Dichte in einem grenzenlosen imaginären Raum. Undenkbar, diesen in den Dimensionen der Großhirnrinde vernommenen Klang mit dem realen Ohr, dem realen Stimmapparat zu verbinden –

Etwas in mir wird das vielleicht immer denken, obwohl ich, in der Realität des Reisens, der Festivals, der Auftritte an unterschiedlichsten Orten ständig am Gegenteil arbeite. Etwas in mir hört nicht auf, sich nach den Oasen zu sehnen, einem

Dichtung? Recherche. Dann Atem, Rhythmus(gefühl), Klangzonen-Querung, Klimatechnik. Gedicht-Präsentation, Dichterauftritt ist seit den 80ern endlich wieder Theaterform geworden. Ich spreche nicht von, ich frage nicht nach diesen Hauruck-Performances, Performances, in denen schlechter Text mies rübergebracht wird, allerorten; spreche also nicht

Fluchtpunktgefühl, in dem Lesen und Schreiben nichts als Stille bedeuten, nichts als die Klänge im Kopf. Und doch ist dieses Beharrende in mir, das sich nur mit der Schrift verbündet oder verbunden glaubt, selbst wieder ein Wanderndes: jede Seite, die ich lese, öffnet ihm das Tor zu einem anderen Raum, in dessen Weite es hinaustritt, aufatmend vor einer Landschaft, einem unendlich scheinenden Nomadenhorizont –

Gedichte auf der Bühne – nennen wir es »Bühne«, auch wenn der Ort oft ein anderer ist, vom engen Lesecafé über die schallschluckende Stadtbibliothek, den gesichtslosen Vortragssaal, das zugige Foyer bis zur Event-Location –, Gedichte auf der Bühne also scheinen beides auf einmal zu wollen, eine mimetische Rückkehr zu den mündlich-musikalischen Anfängen der Poesie und zugleich ihre Weiterentwicklung in die medialisierte Unterhaltungskultur von heute. Wobei sich diese beiden Richtungen vielleicht gar nicht so klar trennen lassen, weil Gedichte heutzutage nicht bloß auf die Bühne nebenan geschickt werden, sondern auch weit weg, auf Bühnen in anderssprachigen Ländern, fremden Kulturräumen. Aus der Stille der Schrift, der Stille des Lesens heraus nimmt sich das aus wie ein internationaler Wanderzirkus in Sachen Kultur, eng verflochten mit ähnlichen Zirkusbranchen wie Musik, Theater, Tanz, Theorieproduktion. Dennoch ist die Situation von Gedichten darin eine andere als die der darstellenden Künste.

Warum haben sie einen wie Orpheus damals mitgenommen auf ihre Reise? Die Frage tauchte auf neben dem Wagenfenster, ich konnte die Rhodopen sehen, der thrakische Sommer

von »Dichter-Darstellung« im Sinne von linkisch (Trömmelchen) rührenden Poseuren auf dem Spiegel*-Cover, nicht also von gestellter hingehuschter Schrift. Ich spreche von Dichtung, die, Zeit-Räume querend, schriftlich und dann – wieder, live – mündlich funktioniert.* **Thomas Kling**

ein weißer Dunst über den ausschwingenden Bergrücken, und wieder hatte ich das unklare Bedürfnis, etwas nur Gewußtes, nur Gelesenes zu vergessen, die Antwort woanders suchen zu wollen –

Warum Orpheus, auf der schöngefügten *Argo*, die aus dem thessalischen Jolkos aufbricht, beladen mit allen Helden Griechenlands, um am entfernten Ende der befahrbaren Meere das Goldene Vlies zu erobern? Warum ihn, wenn die eigentliche Heldengeschichte bloß davon handelt, daß ein abergläubischer König einem unheilvollen Orakel entgehen will und Jason auf seine abenteuerliche Reise schickt, um ihn aus dem Weg zu schaffen? Und Orpheus nur zweimal vorkommt im ganzen Epos, abgesehen davon, daß er als erster in der Aufzählung der Mitreisenden genannt wird? Orpheus, Sohn der Muse Kalliope und des Thrakers Oiagros, Herrscher über das bistonische Pierien ... – *Man sagt aber, jener habe die harten Felsen in den Bergen und die Strömungen der Flüsse mit dem Klang seiner Lieder bezaubert, wildwachsende Eichen grünen noch heute als Zeichen jenes Gesangs an der thrakischen Küste bei Zone; nebeneinander stehen sie dort dichtgedrängt in Reihen, jener hat sie mit seiner Leier bezaubert und geradewegs von Pierien hinabgeführt –*

Der CD-Player spielte aufgepeppte bulgarische Volksmusik, während wir fuhren, ein synthetischer Rhythmus lag darunter, Poparrangements, aber die Stimme, die sang, ging mir durch Mark und Bein – Serpentinen jetzt, die Straße eng über einem engen Tal, flammendes Laub an den Steilhängen, Felsnadeln, die Fernsehleute im Wagen fingen an, die Texte mitzusingen – und plötzlich war es, als säße ich in einem anderen Wagen, der sich ein ähnliches Gebirge hinaufschraubte, viele tausend Kilometer östlich, seit Stunden

Worte in einem Gedicht, Laute im Takt, Rhythmus im Raum versuchen, personale Bedeutung in personaler Zeit und personalem Raum wiedereinzufangen aus Ansichten und Lauten einer entpersonalisierten, enthumanisierten Welt. Sie sind Brückenköpfe in fremdem Territorium.
Ronald D. Laing

hörten wir dieselbe Kassette, indonesische Popmusik, wieder sangen die anderen mit, und wieder erklärten sie mir dasselbe, was auch die bulgarischen Fernsehleute mir zu erklären versuchten: daß die Lieder Gedichte seien, eine unbeschreibliche Einheit von Wort und Klang – selbst die Melodien ähnelten einander, obwohl sie aus gänzlich unterschiedlichen Musiktraditionen stammen. Was ich verstand, war aber nicht die Poesie – hilflose Gesten der Mitsingenden, in Bulgarien, in Indonesien, wenn ich sie um Übersetzungen bat: wie *schön* das gesagt sei, und wie vollkommen unübersetzbar –, was ich »verstand«, waren die Musik und die Stimmen –

Welchen Felsendialekt sang denn Orpheus, welche Baum-, welche Flußsprache, daß Felsen, Bäume, Flüsse von ihm betört waren? Beruhte sein Ruhm als exemplarischer Dichter der antiken Welt überhaupt auf den Worten, die er sang? Waren es nicht eher seine Stimme, seine Musik (jene bitonische Leier, ohne die es das Wort Lyrik nicht gäbe), die ihn unsterblich machten? Gerade das also, was sich damals nicht aufzeichnen ließ? Denn von seinen Worten wissen wir wenig, sie sind nur als Gerücht, als bloße Behauptung in den aufgeschriebenen Gesängen anderer überliefert –

Jedenfalls sahen die Argonauten ihn nicht als Trumpfkarte im »Intercultural Dialogue«, so, wie die Rolle von reisenden Dichtern heute meist verstanden wird. Die beiden einzigen Male, die von seinem Gesang berichtet wird, geht es ausschließlich um die Griechen selbst, sie bilden sein einziges Publikum. Einmal, noch vor der Abfahrt, bietet Orpheus ihnen eine Art Kosmogonie, und zwar ausdrücklich, um einen aufbrechenden Streit unter den Reisefiebernden zu schlichten: *Er sang, wie Erde, Himmel und Meer, die anfangs*

Dir habe ich Flügel gegeben, mit denen du über das grenzenlose Meer fliegen wirst, leicht dich erhebend. Bei allen Festmählern wirst du dabei sein, im Mund vieler liegend; und dich werden mit hellklingenden Flöten anmutige junge Männer wohlgesetzt schön und hell besingen.

Theognis von Megara

noch in einer einzigen Masse miteinander zusammengefügt waren, durch unseligen Streit geschieden wurden, ein jedes für sich getrennt; und wie die Sterne und die Bahnen des Mondes und der Sonne für immer einen unverrückbaren Platz im Äther besitzen, wie die Gebirge sich auftürmten, wie die rauschenden Flüsse samt der Nymphen und alles Getier entstand ...

Beim zweiten Mal tritt er in Wettstreit mit den Sirenen –

18 Hier regt sich etwas in der schläfrigen Stille, in der morgens, in der winterlichen Heizungsluft, am Schreibtisch, das Schreien sehr fern, fast undenkbar erscheint – eine andere Genealogie vielleicht? Nicht die des Orpheus, der Poesie also als archaischer Gesang, sondern die der Sirenen, der puren Stimmen –

Es ist kaum genug Platz für uns in der Dachkammer: fünf Sängerinnen, die Übersetzerin, mich, im Nebenraum links spielt ein Klavier, im Nebenraum rechts eine Violine, die Wände sind dünn, verschossene Blümchentapete – das letzte Treffen vor dem Studiotermin, heute müssen wir uns entscheiden. Im Studio werde ich nicht mehr dabeisein, weitergereist, das Geld, die Termine, auch das macht mir Sorgen. Dachkammer, Klavier, Violine gehören zur Musikakademie von Plovdiv, ebenso wie die Sängerinnen, die sich auf dieses seltsame Projekt mit mir eingelassen haben.

Am Anfang waren sie skeptischer als ich. Sie hatten, auf meinen Vorschlag hin, in einem der Säle im Haus ein improvisiertes Konzert gegeben, und ich hörte erstmals live, was in der einen oder anderen Aufnahme – *Le mystère des voix Bulgares ...* – so verheißungsvoll geklungen hatte. Diese Stimmen, diese Singtechnik wollte ich für meine Gedichte, oder genauer: für eine eigene CD, die ich mir als Mischung zwi-

Hören Sie, Kopfkehlchen, hören Sie! Ich biete Ihnen meine Arbeit Ihres Hörens an. Das Kehlköpfchen nämlich lebt im verzweigten Höricht, kommt aber erst zustande, indem es aufsagt, wie das verzweigte Höricht in ihm uns heute den Vogel geigt – Lesung heißt die Buchung, doch wir hören »Äsung«,

schen Gesang und Sprechen dachte, d. h. dem Gesang dieser Stimmen, die die Gedichte als bloßen Klang interpretieren, während ich dieselben Zeilen zu sprechen versuche. – Gedichte auf deutsch also, von denen die Sängerinnen, als ich sie ihnen vortrug, keine Silbe verstanden. Das einzige, was sie verstanden, war der Schrei, mit dem ich die Lesung begann. So singe man im Pierin-Gebirge, sagten sie. Beiläufig, unbeeindruckt.

Jetzt, in der Dachkammer, ist die Skepsis umgeschlagen in Enthusiasmus. Es gibt eine phonetische Umschrift der Gedichte, auch eine Rohübersetzung ins Bulgarische, nun legen wir fest, welche Elemente der traditionellen Melodien den einzelnen Gedichtfragmenten entsprechen sollen. Die Sängerinnen singen einzelne Partien vor, fragen nach, variieren, ihre Stimmen schlagen von den engen, schrägen Wänden zurück. Links dahinter das Klavier, rechts die Violine. Eine intuitive Arbeit voller Überraschungen, Mißverständnisse, Gelächter. Es klingt großartig: roh, verfremdet, eindringlich. Später, im Studio, werden sie geschliffener singen, gerade das Rohe und Improvisierte wird verlorengehen –

Umwege, flüstert der Zweifel in die Winterstille, sind das nicht alles Umwege? – Umwege woher oder wohin, frage ich zurück, aber es kommt keine Antwort. Etwas hat sich verändert, soviel spüre ich, es hat sich verändert im Innern des Schreibens, in der Art und Weise, wie die Gedichte sich als Gedichte begreifen. Es ist, als sähen sie sich nach anderen Anknüpfungspunkten um, anderen Gefährten vielleicht, stärker auf Klänge horchend, auch wenn es nach wie vor um Worte geht. Aber sie scheinen weniger auf den Klang des Denkens aus zu sein, den ich doch immer für das Entscheidende gehalten habe, sondern eher auf die Schwingung des

der Autor sitzt im Publikum und lernt grade buchstabieren; ich schreibe mit der Stimmritze im Kopf, da pfeift der Wind das Letternspiel ab, sie blättern herum und hinaus; es ist zum Bücherkriegen audiovirtuell.

Oskar Pastior

Sprechens selbst. Sprechen erzeugt die unmittelbare Erfahrung, den Körper zu verlassen, aus sich herauszutreten in einen realen Raum, der nicht das eigene Innere ist. Die Stimme transzendiert die Innenwelt, ohne (wie das Denken) diesen realen Raum außerhalb des Körpers zu entwirklichen; im Gegenteil macht sie ihn erst fühlbar –

Die Veränderung kam so allmählich, daß ich sie lange nicht wahrnahm. Dann, innerhalb von Monaten, überstürzt sich alles. Vielleicht hat der Zweifel recht, vielleicht ist es ein Umweg, aber Körper, Stimme, Reisen scheinen für mich eine Konstellation zu bilden, die mit dem Sprechen von Gedichten zusammenhängt. Nicht in der Theorie, sondern in der Erfahrung. Denn das ist gerade das Verblüffende, auch Verstörende daran: in welchem Maße der Zusammenhang sich als unmittelbares Erleben aufdrängt –

Anzukommen auf einem Flughafen, wie unzählige Male auf irgendeinem Flughafen, und doch ist es vollkommen anders: das erste Mal die Tropen, das erste Mal das Eintauchen in ihre Fruchtwasserluft, ein Umschlag des Körpergefühls in der Spanne eines Lidschlags –: diese plötzliche Durchlässigkeit aller Körpergrenzen, die sich als beständiges Sehnsuchtsmuster durch alle Literaturen aus den wetterwendischen Gegenden Europas zieht (und heute durch ihre Werbung, ihre Tourismusindustrie) –

Ein privilegierter Eintritt in jenen Teil der Welt, soviel ist sicher: eingeladen zum ersten Internationalen Poesiefestival in Indonesien (das an die Tradition internationaler Lyrikfestivals weltweit anknüpft), unterwegs in einer kleinen Gruppe, die durch familiäre Brücken und Sprachkenntnisse schon

Das Leben ist nun aber nicht mit dem schönen Klang allein auszuschöpfen. Das tiefste Glück, das tiefste Leid verklingt als lautloser Schrei ungehört in unserer Brust, die zu zerspringen droht, oder es bricht sich, wie ein Strom glühender Lava, die Bahn über unsere Lippen. Für den Ausdruck dieser letzten Dinge scheint es mir fast grausam, die Singstimme naturalistische

mit der indonesischen Kultur verbunden war, und herumgereicht als Gäste des einheimischen Dichters W.S. Rendra, dessen Name im Land die Türen für uns weit öffnete. – Allein das: daß zeitgenössische Poesie uns die Türen so weit *öffnete*, daß wir Bühnen und Podien dafür fanden und ein in die Tausende gehendes, über die Maßen begeisterungsfähiges Publikum. Während wir in Europa längst daran gewöhnt sind, daß Dichtung nur noch als verschworenes Ritual einer minoritären Sekte gilt, erlebten wir dort etwas wie ein aktuelles Bedürfnis, einen Hunger nach Poesie –

Vielleicht war es auch weniger ein Hunger nach Poesie als einer nach öffentlicher Rede, nach der Aura von Bühnenauftritten und internationalen Pop-Gesten, der uns diesen Rausch aus Scheinwerferlicht, Beifallsstürmen, Autogrammjagden beschert hat. Die öffentliche Rede als Politikum, eine Gratwanderung zwischen säkularen und muslimischen Auditorien, der Pop-Gestus als beliebige Cross-Culture-Formel … – So fühlte es sich natürlich nicht an, keine erfolgreiche Tournee fühlt sich so an, unterwegs zählt nur die Eigendynamik dieser ständigen Abfolge von Auftritten, Podiumsdiskussionen, TV-Aufzeichnungen, umrahmt von Einladungen und Empfängen, Tanzgruppen, Buffets, Gamelanorchestern; spätnachts schlendern wir durch die Innenhöfe eines alten Palasts, eines Ateliers, tagsüber ist immer noch Platz für die Fahrten über Land, zu Teeplantagen, Tempeln, Schattenspielwerkstätten, den einen Tag strahlende Sonne, den nächsten Gewitter, strömender Regenwald, einmal klettern wir, vom Kopf bis zu den Zehen durchweicht, neben einem herabdonnernden Wasserfall in eine verwunschene Höhle hinauf, einmal bringt uns ein winziges Boot zu einer Koralleninsel, auf der eine einzige Großfamilie lebt (von Touristen wie

Frondienste verrichten zu lassen, aus denen sie nur zerweht, zerfasert, zerbrochen hervorgehen muß. – Um unsere Dichter, um unsere Komponisten mitzuteilen, brauchen wir beides, den Gesangs- wie auch den Sprachton.
Albertine Zehme

uns), dann wieder ein Bazar, ein königliches Essen in einem Garten in den Bergen, die Landschaft wie gestickt, Reisterrassen, Gemüsefelder, alle Eindrücke unglaublich dicht, unglaublich lebendig, die schnellen Zungenschläge, das unsichtbare Zirren, wie Musik in der Luft, Laubvögel, Laubfinger, Laubwind ... – Mehr Ähnlichkeiten als Unterschiede, suggeriert das Gruppengefühl, eine elastische Schutzhaut um alle Alltagsfragen, die Hotels, Übersetzungen, Mahlzeiten, Transporte, das Gepäck, alles regelt sich wie unsichtbar im Hintergrund, während wir auf die nächste Bühne gewinkt werden, das gleißende Licht, die Erwartung, wir sagen *Selamat malam!*, ehe wir auf englisch weitersprechen, Beifall brandet auf, und dann zählt nur noch die Stimme, der Gestus, bis die Übersetzungen zu hören sind. – Bühneneindrücke also: die, die wir selbst hinterlassen, und die, die wir aufnehmen. Deutlich gegenwärtiger ist die orale Tradition der Poesie, die gestisch-rhetorischen, oft stark rhapsodischen Elemente leuchten auch ausländischen Ohren (und Augen) sofort ein. Es ist wirklich ein Erlebnis von *Stimmen*, Fetzen von Gesang und Wechselrede, eine Gestik der Evokation und des Appells. – Aber was begreife ich, wenn ich auf die indonesischen Gedichte treffe? Die gedruckten Übersetzungen ins Englische, die paar deutschen Übersetzungen, die es gibt, vermitteln kaum mehr als den Themenkatalog gängiger Genres: Liebesgedichte, Reisebilder, politische Gedichte, eine gleitende Skala von Entfremdung, Unruhe, Zorn, dann wieder kontemplative Naturerfahrungen, Begegnungen mit der Endlichkeit und dem Tod. Was im Vortrag so faszinierend andere Farben entfaltet, mutet auf dem Papier überraschend vertraut an. Viele dieser Gedichte könnten,

In dem Maße, wie die Bedürfnisse wachsen, wie die gesellschaftlichen Angelegenheiten komplizierter werden und die Kenntnisse sich ausbreiten, verändert die Sprache ihren Charakter; sie wird exakter und weniger leidenschaftlich. Sie ersetzt Gefühle durch Ideen, sie spricht nicht mehr zum Herzen sondern zur Vernunft. Dadurch erlischt der Akzent, während sich die Artikulation ausbreitet. **Jean-Jacques Rousseau**

den Übersetzungen nach, überall geschrieben sein; meist scheinen sie aus der Perspektive eines aufmerksamen, empfindsamen Ichs im globalen Jetzt zu sprechen, in dessen (Schreib-)Alltag nur hin und wieder eine Ahnung von fremden Gebräuchen, anderen Gegenstände, heimlichen Dämonen aufblitzt –

Blind auf einer Bühne stehen. Sich blind über eine Bühne bewegen –

Noch einmal die stehende Hitze in einem Raum, vormittags, ein Podium, auf dem wir über »Intercultural Dialogue« diskutieren, die Arbeitssprache sollte Englisch sein, es gibt weder Tisch noch Stühle, alle sitzen am Boden, wir auf einem kleinen Podest, die Studentinnen mit ihren Kopftüchern dichtgedrängt. Schon nach wenigen Sätzen versagt die Übereinkunft, in improvisierten Ad-hoc-Übersetzungen schlingern die Statements zwischen Ausgangssprache, Konferenzsprache, Publikumssprache hin und her. – Dieses globale Jetzt, hatte ich etwa sagen wollen, dieses globale Jetzt, das wir alle gleichzeitig bewohnen und doch nicht auf dieselbe Weise erleben, sei in höchstem Maße angewiesen auf Übersetzungen, die komplexere Einsichten zu übermitteln verstünden als das internationale Business-Pidgin der Ökonomen. Nirgendwo werde das anschaulicher als in der Arbeit von Künstlern, die selbst weltweit zu kommunizieren versuchten, nirgendwo deutlicher als in der Poesie. Währenddessen wurde es wärmer und wärmer im Saal, die Zahl der Statements, der Übersetzungen schwoll weiter an, Neugier, Unruhe, Beharrungsvermögen des Publikums schwer einzu-

Wenn ich ferner den Wunsch hege, daß in unseren Konzerten eine Unterbrechung der musikalischen Darbietung durch Recitationen mehr als bisher üblich werden möchte, so ist es durchaus nicht darauf abgesehen, der modernen Lyrik auf Kosten der Musik Raum und Beachtung zu schaffen, vielmehr glaube ich, daß die Interessen beider Künste hier durchaus Hand in Hand gehen. **Richard Baerwald**

schätzen. Erkennbar diskutierten wir das Thema weniger, als daß wir es illustrierten, eine lebende Laienspieltruppe im Echtzeitmodus. Mir fiel die Parabel von Katze und Hund wieder ein, wie sie einander mißverstehen im Schwanzwedeln, samt einer indonesischen Pointe dazu: dort haben nämlich die Katzen gar keine Schwänze. – Dieses schwanzlose Wedeln der Poesie. Oder, wie es in einem Text von Peter Waterhouse heißt, der nicht zufällig mit bohrenden Fragen nach der Wahrheit des Übersetzens beginnt, um bei dem Gedanken anzukommen, daß vielleicht das Lebendige das Unwahre per se sei: *Man ist also mit Gedichten nicht im Einflußbereich der Göttin Var, jener Göttin der Treueschwüre [...], sondern man begibt sich mit Gedichten in den Tätigkeitsbereich der lateinischen Vertumnen, und dieses ver der Vertumnen ist nicht das Wahre, sondern das Wandelbare, die Vertumnen sind die Wandelgötter, die Verschieber, die Übersetzer, die Götter des Jahreszeitenwechsels und des Handelsverkehrs, die Verkehrer, die Götter der Autobahnen, Tankstellen und Lastwagen und Straßenkreuzungen, die Götter der Verkehrungsströme, die anderen Verkehrspolizisten. Dieser fast überall anwachsende Straßenverkehr und das Flugzeuggedränge zwischen Charlesdegaulle, Heathrow und Frankfurt ist das Gegenteil von Wahrheit und Treue. Auf den Containerwänden in Maghera, Cuxhaven, Dover, Bordeaux, Rijeka, Istanbul sitzen die Wandelgötter. In diesen Häfen und in diesen Hallen zwischen diesen Containern und auf den Zubringerstraßen geht es zu wie in Gedichten.*

So verkehrsfreudig, so schillernd und wandelbar wie in den Gedichten selbst geht es auch zu *zwischen* Gedichten: zwischen den Gedichten verschiedener Sprachen, zwischen den Dichtern aus verschiedenen Kulturen, zwischen Publikum und Bühne. Das jedenfalls ist der Kern der Irritation, der Ver-

Der Idealfall für eine Lyriklesung ist ein hoher, mehr nach den Seiten hin ausladender Saal für höchstens 200 Menschen. Er muß allerdings bis auf den letzten Platz gefüllt sein, damit kein Wort unter die leeren Stühle fällt.
Josef Weinheber

änderung, die ich spüre. Lesen, Schreiben, Sprechen lassen sich weniger klar voneinander abgrenzen, wenn unterschiedliche Traditionen und Erwartungen ins Spiel kommen, diese zahllosen Facetten des globalen Jetzt, das in seinen Gleichzeitigkeiten und Verwerfungen die Künste sowohl spiegelt als auch mitproduziert.

Auf einer Bühne stehen, blind. Die Bühne ist nach hinten hin zu dunkel, um ihre Maße zu schätzen, scheint aber sehr tief zu sein, fast, als ginge sie über in einen offenen Raum, ein Draußen ohne bestimmbare Ausdehnung. Es kommt kalt von dort, obwohl es nicht zieht. Die Scheinwerfer sind schon eine Weile hin und hergeglitten, es war ein Mischpult zu erkennen und eine Laborausrüstung, die Instrumente eines Cockpits, Monitore in einem Studio, ein Weltraumfenster, ein Gewächshaus, eine Mülldeponie –

Schreien ist kein Gedicht, flüstert der Zweifel. Es ist keine Musik, keine Lautpoesie, kein Statement, nichts, das irgendwer braucht oder erwartet.

Nur, daß es spontan verstanden wird –

Das Gedicht hat die Tendenz, nah bei sich selbst zu bleiben, beim Körper dessen, der spricht. Es scheint ihn einzuhüllen, zu verbergen. Stimme hinter dem Vorhang. Gedicht als Vorhang. Verschleiernd wie die Muse, die den Niemand verdeckt. **Norbert Hummelt**

Ulrike Draesner

Treibriemen der Psyche – Reflexionen zur Stimme

Mein neffe wußte genau, was er wollte: nicht der Cowboyanzug interessierte ihn, die Piratenbinde ließ er links liegen, selbst Harry Potter war ihm egal – die langen, spitz auslaufenden Plastikohren mußten es sein. Sahen die nicht gefährlich aus? Ich fand sie einfach nur häßlich, doch stolz lief er neben mir zum Faschingszug. Und nun erst fiel mir auf, wieviele es ihm gleichtaten. Spitze, fledermausartige, zipfelige, federboawippende, kätzchenfedrige oder hasenlöffelige Ohren wuchsen allenthalben aus den Köpfen.

Man wird beim Verkleiden heute nicht mehr daran denken, doch tatsächlich steckt altes Wissen um die Fremdheit der Welt, ihre erschreckende Rückseite und Verkehrung, in der Ohr-Verstellung. Bei Experimenten mit Fledermäusen, die sich ihr Umfeld bekanntlich durch Echolotung erschließen, hat man dieses im Karneval gespeicherte Wissen wiederentdeckt: wie sehr das Gehör Welt überhaupt erst erschafft. Forschungen an Menschen zeigten ähnliche Ergebnisse. Versuchsteilnehmern, denen Plastikohrmuscheln aufgesetzt wurden, die dem Ohr eines anderen Menschen nachgebildet waren, hörten nichts mehr. Genauer – und schlimmer: sie hörten, konnten aber nicht verstehen und bekamen Kopfschmerzen. Durch die fremde Ohrform erschien die Welt völlig verzerrt, ja, zur Unkenntlichkeit entstellt, eine akustische Variante des Infernos. Und eine Entfremdungserfahrung, so irritierend, daß die Versuchspersonen sich bereits nach Minuten schreiend die Attrappen vom Kopf rissen, um zurückzukehren in das, was sie in der Welt hielt und ihnen ihre Realität gab, viel stärker, als sie es bislang geahnt hatten: ihr Gehör.

Ich beginne meine Überlegungen absichtlich am scheinbar anderen Ende der Stimme, dem Ohr. Das eine ist ohne das andere nicht zu haben. Sowohl Stimme als auch Ohr sind Wege. Man kann dies bereits erkennen, wenn man nur auf die anatomische Anlage menschlicher (bzw. tierischer) Körper schaut. Das Stimmband selbst ist ein Stück Weges. An das Stimmband schließt sich der Weg der Stimme über Kehle, Rachen, Gaumen und Lippen hinaus in den Raum. Verbunden ist die Stimme zugleich mit dem Atem, einem andern Wegesystem im Körper, bis hinunter in den Bauch, bis hinauf in die Stirn. Und nicht anders das Ohr, ein Wegelauf hinein in den Kopf, durch ihn hindurch – eine Abfolge von Pfaden, mit Pforten und Kreiseln, um etwas aufzufangen, das bereits einen Weg gegangen ist. Hinzu kommt schließlich das »Sich-selbst-Hören«, der letztendliche Kreisschluß des Weges: da dringt die eigene Stimme von außen und innen ans Ohr, (aber immer in derselben Entfernung und vom selben Ort aus) und geht durch das Ohr wieder einen Weg in den Körper zurück, den sie soeben verließ, geht etwa, an der Nase, die zur eigenen Ton-Erzeugung passierten Wände hintenherum noch einmal, für Sekundenbruchteile, entlang.

Denn davon berichteten die Versuchspersonen, denen die fremden Ohrmuscheln aufgesetzt worden waren, mit größter Verstörung: wie es war, als sie, die Ohrnachbildungen auf dem Kopf, anfingen zu rufen, damit jemand sie ihnen abnehme, wie es da war, die eigene Stimme zu hören, sie nicht zu erkennen, sich verloren zu haben.

Es ist nicht selbstverständlich, die eigene Stimme immer richtig zu identifizieren. Wir lernen vielmehr, wie wir klingen, von dem Augenblick an, in dem wir auf der Welt sind –

Auf diesem dunkelnden Stern, den wir bewohnen, am Verstummen, im Zurückweichen vor zunehmendem Wahnsinn, beim Räumen von Herzländern, vor dem Abgang aus Gedanken und bei der Verabschiedung so vieler Gefühle, wem würde da – wenn sie noch einmal erklingt, wenn sie für ihn erklingt! – nicht plötzlich inne, was das ist: Eine menschliche Stimme.
Ingeborg Bachmann

schreiend, kopfüber, wie kleine weiße Fledermäuse an den Füßen aus einer Hand hängend.

Und wir lernen es eine ganze Zeit lang. Im Sommer 1982 saß ich, 20 Jahre alt, zum ersten Mal in einem Sprachlabor. Ich lernte Spanisch in Salamanca, vier Stunden intensiver Unterricht am Morgen, und ich wußte, so dachte ich, wie ein Sprachlabor funktioniert. Also hörte ich die Übungen an, sprach nach, manchmal schaltete die Lehrerin sich zu. Dann wurde das Ganze wiederholt. Es gab unter den spanischen Sprechern eine Stimme, die mir besonders gefiel, aber es dauerte ein paar Tage, bis ich aus meiner Naivität gerissen wurde. Bis ich mich beim Nachsprechen verhaspelt hatte, und dieser Haspler in der einen Stimme auf dem Band wiederkehrte. Erst da begriff ich, daß alles, was ich sagte, aufgenommen und ebenfalls wiederholt worden war – daß also das, was ich da hörte, Ich war.

Ich hatte meine Stimme nicht erkannt, weil ich mich in der medialen Verrückung (durch Aufnahme und Abspulen) nicht wahrnahm und weil mein Spanisch so schlecht war, daß ich meinen eigenen Akzent nicht hörte.

Damals, im Labor, nahm ich mich also von außen wahr, durch das Medium verändert. Wir hören uns selbst niemals so, wie ein anderer. Wie wir uns auch nie sehen, wie ein anderer uns sieht. Bestenfalls sehen wir uns spiegelverkehrt, und ein anderer kann mit uns unser Spiegelbild betrachten und sagen, es ist anders als das, was ich sehe, wenn ich dich direkt anschaue. Dieses »anders« jedoch entzieht sich mir. Mit dem Ohr verhält es sich analog. Sich selbst von einem Medienträger zu hören ist, wie in einen Spiegel sehen. Es tritt uns ein Außen entgegen, das mit unserem Innen so verschaltet ist, daß eine Verdrehung stattfindet, die einen ganz spezifischen Eindruck ergibt: so höre nur ich selbst mich. So

Durch Stimme und Sprechweise werden Menschen wiedererkennbar, wie in anderer Weise durch ihr Äußeres. Ihr »vokaler Personalausweis« (Roman Jakobson) kann selbst durch Verstellung und technische Verzerrung nicht ganz unterdrückt werden. **Reinhardt Meyer-Kalkus**

kenne nur ich mich. Einsamkeit und Exklusivität gehen hier Hand in Hand. Doch anders als beim Sehen brauche ich beim Hören kein Instrument wie den Spiegel, um mich wahrzunehmen. Anders als beim Auge spiegele ich mich im Hören immer dann in mir selbst, wenn ich meine Stimme erhebe. Anders als beim Sehen läßt diese Spiegelung sich nicht ausschalten. Der Kreisschluß der Selbstwahrnehmung verläuft also direkter als beim Auge, das sich aus eigener Kraft nie selbst betrachten kann. Das Ohr ist insofern unrettbarer privat – Refugium und geheime Höhle der Selbstbegegnung.

Mich über ein Mikrophon zu hören war daher, wie mich im Spiegel eines Spiegels zu sehen. Es mag belanglos erscheinen, entpuppte sich aber als entscheidende Erfahrung, als ich 1995 zum ersten Mal, Gedichte lesend, auf einer Bühne stand.

Diese Gedanken zielen nicht auf eine Doppelung von Innen und Außen, sondern auf die Frage nach der Projektion, die Stimme darstellt. Sie ist tatsächlich dem Spiegel verwandt: nimmt Strahlen auf, bricht sie und schickt sie wieder aus – zersplittert und setzt zusammen. So geht Stimme, geladen mit Färbung, Ton, Stimmung, doch so geladen, daß sie selbst dieses »Material« nicht nur transportiert, sondern *ist*, in den Raum, bricht sich an ihm und den Menschen in ihm, kommt mir, der Sprechenden, als zersplittertes Echo zurück und geht wieder in mich ein.

Stimme ist ein aus dem Sprecher hinaus- und in ihn zurücklaufendes Förderband, ein Riemen, der menschliche Innenwelten miteinander verbindet und sich dabei selbst verändert. Das ist auf der Bühne deutlich zu fühlen, wenn man darauf achtet, und war die erste Sprachlektion, die ich langsam lernte.

Aber was ist dieses »Material«, das in der Stimme *ist*? Der Projektor, eine Lichtmaschine zur Erzeugung von Bildern, wurde von den Brüdern Lumière 1895 erstmals vorgestellt. Der im Deutschen auch »Bildwerfer« genannte Apparat, als neu begrüßt und bestaunt, hat allerdings mit der Stimme ein meist übersehenes Analogon im menschlichen Körper. Sie projiziert Bilder aus dem Kopfkino, das so heißt, weil sich seit Erfindung des Projektors das Wort »Kino« als Metapher für den inneren Bildraum des Menschen gebrauchen läßt. Was vorher war, was nachher kam, mischt sich in der Sprache und ihren Metaphern. Denn sie kehrt Zeit um; gibt uns in sich die Möglichkeit, von der Zukunft in die Vergangenheit zurückzusehen.

Trick und Essenz, Wunder und Geheimnis des Stimmprojektors: ich kann mit ihm die inneren Bilder, die ich sehe, ins Publikum werfen. Kann sie mit der Stimme hinwerfen oder -stellen (auf die Leinwände der Hirnhäute), kann mit der Stimme Kino sein: das Publikum sieht, was ich sehe. Ich bin, als Vortragende auf der Bühne, wie ein Sender, verwandele Gesehen-Gedachtes in Stimme. Und das Publikum verwandelt diese Stimme und ihre Modulationen zurück in Bilder, Wissen, Gefühle und Berührtheit – in menschlichen Stoff. Die Stimme, ein Treibriemen der Psyche.

Als ich in Spanien im Labor saß, sprach ich mit meiner Familienstimme. Wir alle werden in ein sprechendes Umfeld hineingeboren. Man hat herausgefunden, daß sich Kinder bereits im Mutterbauch auf die Stimmfrequenzen ausrichten, die sie am häufigsten hören. Sie erkennen sie nicht nur wieder, sondern wachsen danach, tunen sich sogar anatomisch ein. Die gehörten Stimmen nehmen Einfluß auf die Formung von Kehle und Stimmbändern des Fötus, und zwar so, daß das Baby nach der Geburt mit seiner Stimme eben die Frequenz besetzt, die in der Umgebung, die es erwartet hat, noch frei und zugleich am weitesten von allen besetzten Frequenzen entfernt ist. Das Kind sucht sich, und dies ist ein Überlebensmechanismus, eine derartige Frequenz, um nicht

Wer sein Ohr zum Beobachten gewöhnt hätte, der würde vor dem Zimmer in einer Gesellschaft von Personen, die ihm ganz unbekannt wären, oder die sogar in einer ihm ganz fremden Sprache sprächen, schon viele Eigenschaften der Redenden bestimmen können. **Johann Caspar Lavater**

verwechselt und insbesondere nicht überhört zu werden. Instinkt? Nein, eine um einiges kompliziertere Interaktion zwischen genetisch Festgelegtem und dem Gehirn bzw. der Wahrnehmung des Embryonen scheint stattzufinden.

Meine Familienstimme war hoch. Zu hoch. Denn das Eintunen geht lange nach der Geburt weiter und wird wesentlich auch von der sozialen Geschlechterrolle bestimmt. Heute werde ich manchmal gefragt, ob ich eine Stimmausbil-

dung erhalten habe. Das Gerücht, daß dem so sei, will nicht verschwinden, und in gewisser Weise ist es sogar wahr. Denn wenn ich auch keine Stimmausbildung im üblichen Sinn gemacht habe, so ist meine Stimme doch gebildet worden.

Der erste wichtige Schritt fand statt, als ich 1983/84 für ein Jahr in England studierte. Er vollzog sich dort, von mir zunächst nicht beachtet, und vielleicht gerade deswegen ungestört. Die Bildung der Stimme erfolgte dabei auf zwei Ebenen, der der Stimme konkret und der der Stimme als Metapher. Meine eigene Stimme erschien. Möglich wurde das durch ein Heraustreten aus meiner Muttersprache. Als ich im Herbst '84 nach Deutschland zurückkehrte, begann ich zu schreiben – auch hier angetrieben von der erfahrenen Ent- und Verfremdung des Deutschen. Durch das starke fremdsprachliche Raster in meinem Kopf starrten die (neu) gehörten deutschen Wörter fremd auf mich zurück, und stärker noch taten es Redewendungen und die in die Sprache eingelagerten Metaphernbildungen (z.B. Katachresen).

Doch heute erst sehe ich, daß das Schreiben damals tatsächlich aus einer Doppelbewegung entstand. Die eben geschilderte Entfernung aus der Muttersprache verlief gleichzeitig mit einer Annäherung an meine natürliche Stimme. Damit meine ich erneut etwas anatomisch ganz Konkretes:

Den Nachtwächter nach der Stimme zeichnen wollen. Man irrt sich oft, so daß man sich des Lachens nicht enthalten kann [...] ich frage: ist der Schluß von der Stimme eines Mannes auf die festen Teile seines Gesichts verwegener als der von den stehenden Teilen des Kopfes auf eine Seele, die eine Welt von Chamäleonism ist? **Georg Christoph Lichtenberg**

jenen Artikulationspunkt meines Gaumens, an dem ich am besten, resonanzenreichsten, Laute forme.

Ich bemerkte die Veränderung meiner Stimme zunächst nicht – und könnte selbst meinen, es sei vielleicht nur eine recht stimmig erfundene Geschichte, erinnerte ich mich nicht an die zahlreichen Bemerkungen etwas verstörter Freunde: meine Stimme wurde tiefer, wenn ich englisch sprach. Gerade dies hätte nun keineswegs geschehen sollen, wird doch

das Englische, insbesondere von Frauen, höher artikuliert als das Deutsche. Eigentlich also hätte meine Stimme, wenn sie denn schon wandern wollte, nach oben wandern müssen.

Meine Stimmlage hatte sich zweigeteilt, und ich mich mit ihr. Ich erzählte »meine« Geschichte ganz unterschiedlich, je nachdem, in welcher Sprache ich sie vortrug, und fühlte, in den verschiedenen Sprachen, unterschiedliche Empfindlichkeiten. Auch meine Weiblichkeit – wie ich mich selbst als Frau erlebte und das Frausein lebte – variierte in jeder der Sprachen.

Stimme ist auf Hören angewiesen. Die Fähigkeit des Sprechens und bewußten Modulierens mit der Stimme beruht ihrerseits darauf, daß das Ohr sich entsprechend mitentwickelt, ich also hören kann, was ich tue. Beides, Stimme und Ohr, wachsen nur an- und miteinander. Auch zwischen ihnen läuft ein Riemen, ein komplex sich steuerndes Förderband von Informationen. So kann, wer wie ich hier über das eine (diesmal: Stimme) spricht, das andere Organ nicht auslassen. Woher das Wort »Stimme« kommt, ist unklar. Mögliche Ursprünge, wie das griechische *stóma*, das avestische *stamanm* und das kymrische (walisische) *safn* führen jeweils auf den Mund zurück; das hethitische *i_taman* allerdings bewahrt eben jenen Zusammenhang, von dem auch hier die Rede ist: es bedeutet »Ohr«.

Auf jeden Fall habe ich niemals lieblicher sprechen hören, obgleich, was sie sagte, stes nur das Einfachste und Sachlichste war; und meiner Meinung nach will es etwas heißen, daß dieser natürliche und von instinktivem

Stimme ist Teil unserer Körpersprache, im wörtlichen und übertragenen Sinn, wenn wir mit »Körpersprache« jene ständig ausgesandten Kommunikationszeichen der Zuwendung, Ablehnung und Stimmung(!)slage meinen, die sich etwa in Stellungen der Hand, des Beines, in der Weite unserer Pupillen und der Farbe unseres Gesichtes äußern – nur in Teilen unserem Willen unterworfen.

Als metaphorische Verwendungsweisen von »Stimme« kennt das Deutsche zudem »Stimmigkeit«. Als *voiciness* gibt es diese Stimmigkeit nicht – sie ist eine ganz deutsche Ansicht bzw. Hörweise davon, daß etwas stimmt (und wiederum im Englischen nicht »voict«, sondern »right is«). Die Stimme eines Autors ist immer die Stimme eines Textes. Sie wiederum meint auch die Stimmigkeit des Textes.

Ich greife für weitere Beispiele auf Gedichte zurück, weil in ihrem Vortrag alles, was mit Stimme verbunden ist, besonders evident wird – doch es gilt, mutatis mutandis, ebenso für Prosa. Unter der Stimmigkeit eines Textes verstehe ich, welche Regeln er sich (vergleichbar einem Spiel) setzt und wie er ihnen folgt. Diese Regeln können ihre eigenen Brüche enthalten – Brechung und Rauheit sind dann Teil der relativ komplexen Regel, die ein Text sich gegeben hat. Seine Stimme und Stimmigkeit erscheinen somit als Zusammenspiel; wie der Autor sich und damit dem Text Regeln stellt, und wie das Werk sie ausfüllt. Regeln bedeuten, auf einer Metaebene, keineswegs Harmonie. Dort enthalten sie selbst die Bedingungen ihres Aufbrechens; Stellen zum Luft holen, atmen, entfalten.

Regeln zu folgen ist ein komplexes Phänomen. Denn die Regel und das Dieser-Regel-Folgen stehen nicht in einem einfachen Ableitungsverhältnis zueinander. »Folgen« bedeutet hier vielmehr Rückkoppelung. Das eine wirkt auf das andere ein: wie der Regel gefolgt wird, wird bestimmen, wie wir die

Geschmack bestimmte Wohllaut von der ersten Stunde an mütterlich Adrian berührt hatte. **Thomas Mann**: *Doktor Faustus* – ein Roman, der von »kontrastierenden Stimm-Bewegungen durchzogen ist« (Reinhardt Meyer-Kalkus)

Regel auffassen, also was wir für die Regel halten. Ihr Verhältnis zueinander läßt sich mit dem von Myzel und Pilz vergleichen: eigentlich ist das Myzel der Pilz, und das, was wir »Pilz« nennen, sein Fruchtkörper. Wo er hochkommt, wie er sich im einzelnen ausbildet, wann er erscheint – all dies ist von Fall zu Fall verschieden. Das Myzel hingegen ermöglicht sein Erscheinen. Es ist Matrize, Rahmen, Idee.

Das Verhältnis zwischen »Regel« des Gedichtes und konkretem Gedicht – als seine innere Stimmigkeit – kehrt wieder zwischen dem konkret gedruckten Gedicht (*so* steht es auf der Seite) und seinem lauten Vortrag. Die Stimme ist ein weiterer Fruchtkörper des Gedichtes: eine einmalige Konkretion, die, liest der Autor selbst, doppelt aus der Stimmlage des Gedichtes erfolgt. Und: ihr folgt und sie doch verändert.

Die Stimmigkeit eines Gedichtes also ist zweifach entworfen: auf der Regelebene der Erfindungen (von Wörtern und Lauten, Rhythmen und Folgen), und im konkreten, einzelnen Vortrag. Das eine läßt sich dabei nicht vom anderen trennen. Beide sind gleichermaßen Anfang und Weiterentwicklung, und beide sind Ausdruck des jeweils anderen.

So bedeutet Stimme die sich erfindenden, neu eintunenden, nicht im ganzen kontrollierbaren Stimmigkeiten innerer Verhältnisse eines Textes, die nur durch ihren Ausdruck entstehen.

Denn auch das »Innere« und »Äußere«, zwischen dem die Stimme so sinnfällig hin- und hergeht, stehen zueinander in einem Verhältnis wie Regel und Regelfolgen. Keines existiert ohne das andere. Sie durchdringen sich, denn was Stimme ist bzw. enthält, wird nur greifbar in unserer äußeren Wahrnehmung, wobei dieses Außen eben dadurch, daß es als Ausdruck von etwas Innerem gelten kann, überhaupt zu einem

O seine Stimme, daß sie unter uns / Die Flügel schlüge! – Woher tönte sie? / Woher drang dies an unser Ohr? Wer sprach / Mit solcher Zunge? Welcher Fürst und Dämon / Sprach da zu uns? **Hugo von Hofmannsthal** im Nachruf auf den »Sprechsänger« Josef Kainz, dem repräsentativen Schauspieler des »nervösen Impressionismus« Anfang des 20. Jahrhunderts

Außen wird. Hingegen ist das »Innere« selbst durch sein Erscheinen bestimmt, es ist eine Hypothese, die wir vom Erschienenen ableiten, damit das Innere, indem es erscheint, als Erscheinendes weiterbesteht. Dies beschreibt einen Transfer, einen Weg oder Riemen – und Stimme ist einer seiner wichtigsten – nein, nicht Mechanismen. Sie selbst ist dieser Riemen.

Stimme ist damit eine Metapher, im Wortsinn. Sie trägt etwas von einem Ort zum anderen. Ein Transportmittel (Vehikel), das, was es transportiert, bestimmt (es formt, prägt): kein neutrales Förderband, auf das man etwas legt, um es so wieder zu erhalten, wie man es aufgelegt hat.

In meiner Stimmbildung gab es nach Spanien und England eine lange Pause. Der nächste Schritt erfolgte erst Anfang 1995, als ich erfuhr, daß ich beim Leonce-und-Lena-Wettbewerb in Darmstadt Gedichte lesen sollte. Das also würde meine erste öffentliche Lesung sein – vor der versammelten (Kritiker)Welt.

Ich war nervös. In den 90er Jahren hatte ich manchmal das Gefühl, meine Kindheit doch eigentlich am liebsten unterm Eßtisch verbracht zu haben. Dort sah mich niemand, ich mußte nichts sagen, konnte aber alles beobachten, auch das »Beinballett«. Mußte ich in der Schule ein Referat halten, schlief ich die Nacht vorher kaum. Was für eine Hölle war es, nach vorn zu gehen, sich zu zeigen und dazu auch noch zu sprechen. Schreckliche Nervosität. Schlucken. Versteckte Bewunderung für Demosthenes, aber kein Meer zum Üben.

Und nun also schwebte Damokles-Darmstadt über mir. Ein Amerikaner, der in München Opernsängern Sprechunterricht gab, half mir schließlich. Deutlich erinnere ich mich, wie wir in meiner Wohnung standen, eines trüben Samstag-

Ein weiterer Vorzug war seine auffallend angenehme Stimme, die durch seine Bescheidenheit, seine Nervosität und sein Erröten nur gewann, wie denn jede Lesung dadurch zusätzlichen Zauber erlangt. Ich weiß nicht warum dies so ist, aber Schüchternheit steht einem Autor weit besser an als Selbstsicherheit. **Plinius der Jüngere**

mittags im Februar, und er, nachdem er ein paar Atemübungen mit mir gemacht hatte, mich einen Vokal, es war wohl ein e oder a, an verschiedenen Stellen meines Gaumens artikulieren ließ. Von ganz hinten nach ganz vorn sollte ich es wandern lassen. Er stand drei Meter vor mir, hörte – und sagte mir dann etwas, worüber ich mir noch nie Gedanken gemacht hatte. Er sprach vom »Resonanzpunkt« in meinem Mund, also eben jenem Artikulationsort, an dem meine Stimme ihr größtes natürliches Klangspektrum entwickelt. Mein Sprechort. Mit Bauchatmung. Er lag um einiges unter meiner Normaldeutschstimme von damals, und, wenig erstaunlich, recht nahe an meiner englischen Tonlage. So erkannte ich ihn, übte allein – horchte mir selbst nach – und mit der Zeit wanderte meine deutsche Sprechstimme ganz von selbst dorthin.

In dieser Zeit erlebte ich meine Stimme zunehmend als etwas Eigenständiges, ja geradezu als ein Lebewesen in mir, etwas Kreatürliches jedenfalls, das seiner Wege ging. Ich gab es auf, die Stimme, dieses Lebewesen, beherrschen zu wollen. Der Text, den ich vorlas, kam ja doch jedesmal anders aus mir heraus. Ich konnte das nicht verhindern, im Gegenteil – es anzunehmen und zu entdecken, beinhaltete die Möglichkeit, wirklich aufzutreten. Indem ich das akzeptierte, verschwand allmählich auch meine Nervosität.

Je nach Raum, Situation, Publikum und meinem mitgebrachten Zustand verändert sich, was ich vorlese. Denn Stimme ist, so viel habe ich erfahren, vor allem auch ein Organ der Antwort. Ich entdeckte, daß das Publikum mir Bilder zurückwirft, Bilder, die ich nicht sehe, aber körperlich »begreife« oder sie ergreifen mich, und meine Stimme reagiert darauf, an einem Ort, der sich meiner willentlichen

Ich plane eine zwanglose Lesung [...] und ich gedenke einen meiner Sklaven dafür zu nutzen. [...] Aber die Frage ist: Was soll ich tun, während er liest? Soll ich still und stumm dasitzen wie ein Zuschauer, oder soll ich, wie es mancher andere tut, seine Worte mit den Lippen, mit Augenausdruck und Gestik nachformen? **Plinius der Jüngere**

Steuerung entzieht. Das mag zunächst erstaunen: das Publikum soll Bilder werfen? Wenn es schweigend dasitzt oder herumsteht? Doch so ist es. Das Publikum ist nicht stumm, auch wenn es schweigt. Es atmet. Sein Atem ist seine Stimme. Auf einer guten Bühne höre ich das; höre Publikum und Raum. Meine Stimme reagiert darauf und geht zugleich aus meiner Gestimmtheit hervor. Sie ist sich selbst Matrize, mein auch beim Schreiben schon vorhandenes Hören und Atmen des Textes, und Konkretion – ist »Regel«, auf der die konkrete Performanz des Textes im Vortrag erfolgt. In diesem Akt mischen sich Stimme, Stimmung und Stimmigkeit.

Die Stimme nicht mehr beherrschen zu wollen, bedeutet, eine bestimmte Vorstellung über Stimme und Wirkung aufzugeben. Die Spannung zwischen Innen und Außen kehrte in dieser Konstellation wieder. Wenn ich mit der Stimme nach außen dachte, nur auf das Publikum zu, funktionierte das Vorlesen nicht sonderlich gut. Es wurde besser, wenn ich nach innen schaute, zu mir. Aber richtig fühlte es sich erst an, als ich ganz körperlich dachte, nämlich mich selbst als eine Art Bogen fühlte. In ihm steigt die Stimme bis zu meinem Mund, durch ihn hindurch spannt sie sich in und durch den Raum – ein Band, auf dem ich Bilder schieben kann. Als ich begriff, daß es nicht darum geht, etwas zu kontrollieren, begriff ich zugleich, daß Ziel der Lesung nicht »dies« (diese Bedeutung) ist. Ziel ist, mit der Stimme Möglichkeiten für die Zuhörer herzustellen. An diesen Punkt zumindest hat mich die Praxis des Vorlesens heute gebracht – und ich vermute, daß weitere Lesungen auch diese Erfahrung wiederum verändern werden.

Dennoch scheint es mir nicht ganz unerheblich, die Einsicht festzuhalten, daß es im Vortrag meiner Texte nicht, nicht einmal mit meiner Stimme, darum geht, etwas von mir

Alle Empfindungen haben ihren eigenen Ton der Stimme, ihre eigenen Gesten und Mienen. Und dieser Eindruck, der entweder gut oder schlecht, angenehm oder unangenehm ist, bewirkt, daß eine Person gefällt oder mißfällt. **Cicero**

auszudrücken. Vielmehr muß eine Art Neutralisierung eintreten, so paradox das klingen mag, um die Stimme für den Text zu verlebendigen. Sie führt ein Eigenleben: Tier, Fledermaus, Hörwesen – und: Blindenhund.

Denn die Stimme ist etwas, womit man ohne Augen sehen kann. Gerade uns, geprägt, wie wir von 2000 Jahren westlicher Kultur der visuellen Dominanz nun einmal sind, fällt es schwer, etwas zuzulassen, das ohne den Sehsinn aus-

kommt. Doch ganz technikfrei erlaubt die Stimme uns, einen Film herzustellen, in dem wir selbst Schauspieler, Kameramann und Regisseur sind, einen Film zudem, der sein eigener Kinosaal wird, und, ohne Augen rezipiert, unmittelbar im Herzkopfmenschkino der anderen wirkt, dort also, wo sie erleben und Erleben miteinander verbinden.

So führt die Frage nach der Stimme bei der Lesung eines literarischen Textes letztendlich zur Frage ihrer Interaktion mit dem Auge. Denn auch das Auge, immer hungrig, braucht Futter, und die Situation – der Raum, der Ausblick aus dem Fenster, vor allem aber der Körper, der da sitzend oder stehend vorliest –, füttern es glücklicherweise, so daß es, scheinbar beruhigt, Platz macht für jenen unsichtbaren stimmlichen Bildertransport, der über den Erfolg der Lesung am Ende entscheiden wird. Denn die Stimme ist auch Jägerin: Herzjägerin, Gedankenjägerin, Jägerin aber vor allem von noch Ungedachtem, das sie einholt, bevor es als Gedachtes bewußt wird. An einem spezifischen Ort. Auch das haben die Experimente der Hörforschung gezeigt: unser Ohr ist eine Art Heimat für uns. Die eigene Stimme erzeugt sie als jenes Sich-selbst-Begegnen, jenes Sich-selbst-gespiegelt-Erkennen, das das Ohr stets hört.

Die Schauspieler, Deklamatoren und Kanzelredner fallen leicht in den Fehler der zu häufigen Gefühls-Akzente. Hieraus folgt, daß es klingt, als wechselten sie ihre Gefühle in jedem Augenblicke und oft so heterogen, wie ein Salamander mit seinen Farben wechselt. Sie möchten gern glauben machen, daß sie bei jedem Worte eine spezielle, deutliche Empfindung haben, und darüber geht der Eindruck des Ganzen verloren. **Johann Wolfgang von Goethe**

Mein Deutschlehrer fragte, als er uns eine Kassette mit von Celan selbst gelesenen Gedichten vorspielte, was es eigentlich bedeute, die Stimmen von Toten auf diese Weise zu konservieren – so daß sie weiter zu uns sprächen, obwohl sie tot seien. Keiner von uns hatte sich je diese Frage gestellt. Wir wuchsen schließlich mit der Wiedergabe von Stimmen in Medien auf, egal, was mit den »realen« Personen war, zu denen diese Stimmen gehörten. Die Frage schien so merkwürdig – und war so unbeantwortbar, daß sie sich mir einprägte.

Unbeantwortbar ist sie bis heute. Aber sie legt einen Gedanken nahe: die Verbindung der Stimme zu Geistern. Sie erscheinen selten *in corpore*, sondern eher als bloße Stimmen, wenn man Berichten von Séancen folgt. Ist die Stimme auf besondere Weise mit dem Tod verbunden, weil wir sie als etwas erleben, das sich vom Körper lösen kann? Zeigt sie darin ihre »tierische« Selbständigkeit? Oder steckt ein Rest Wissen in dieser Illusion (denn tatsächlich löst sich die Stimme vom Körper so wenig wie das Bild, sie überwindet nur andere Strecken, aus dem Körper heraus) – ein Wissen von Unbeherrschbarkeit und Eigenleben der Stimme?

Vielleicht also ist Stimme auf besondere Weise mit dem Tod verbunden – mit dem Leben ist sie es jedenfalls. Denn Stimme heißt Lebendigkeit. Stimme, der erste Atemzug, der erste Schrei. Mit zusammengekniffenen Augen.

Im Christentum ist Gott das Wort. Und zwar kein geschriebenes. Nein, Gott ist Stimme, als Stimme schuf er die Welt und alles in ihr. Beim Nachdenken über Stimme erreichte ich einen Punkt, an dem mich das nicht mehr wunderte.

Und wo war mein Neffe? Offensichtlich im noch immer munter vorbeituckernden, dröhnenden und schaukelnden Faschingszug verschwunden. Den ganzen Nachmittag hindurch hatte ich bei ihm schwer an Autorität eingebüßt, benutzte er doch seine Plastikohren als wunderbaren Vorwand, um nicht zu hören, was ich zu ihm sagte. Allein deswegen hatte er unbedingt die Ohren gewollt – soviel hatte sogar ich inzwischen begriffen!

Als ich ihn endlich wiedergefunden hatte, kam er nur mit mir nach Hause zurück, weil ich versprach, ihm etwas Besonderes im Internet zu zeigen. Ich klickte die Seite des McGurk-Experiments für ihn an. Mitte der siebziger Jahre stieß dieser Psychologe bei Forschungen zu unserer Wahrnehmung zufällig auf folgendes Phänomen: man zeigt auf einem Bildschirm jemanden, der mit gut erkennbaren Mundbewegungen eine Silbe formt, die die Testpersonen auch hören. 98% der Erwachsenen verstehen ein deutliches DA. Auch mein Neffe verstand ein deutliches DA. Schließt man jedoch die Augen, hört man, ebenso eindeutig, ein BA. Sieht man hingegen nur, ohne zu hören, erkennt man, wiederum eindeutig, ein GA.

Tatsächlich ist der Versuch so aufgebaut: die zu sehenden Lippen formulieren ein GA, eingespielt aber wird ein BA. Das Gehirn kann die konkurrierenden Informationen von Auge und Ohr nicht »fassen« – und sucht daher einen Kompromiß. Die beiden Sinnesdaten werden zu etwas verschaltet, was nie stattgefunden hat, aber völlig real wirkt. Es ist unheimlich, wie die »grauen Zellen« jenseits dessen, was wir überhaupt bemerken, Realität immer bereits herstellen. Was für Transporte hier stattfinden. In dem Bemühen um Synthese, die das Gehirn unbedingt produziert, um uns in der »Realität« zu halten, erzeugt es pure Fiktion. McGurks Experiment macht dabei einen Vorgang sichtbar, der bei jeder Wahrnehmung stattfindet. Ich kannte den Versuch zwar bereits, doch staunte ich erneut – denn auch, wenn man davon weiß, kann man sich gegen die Synthese nicht wehren. Halblaut murmelte ich vor mich hin: gehörtes BA, gepaart mit gesehenem GA, produziert wahrgenommenes DA. Dann dachte ich an Lesungen – was da wohl alles verschaltet wird! –, schaute meinen Neffen selbstvergessen an und sagte: völlig gaga.

Er war begeistert. Den Rest des Abends nervte er seine Mutter mit Dada- und Gaga-Rufen.

Wirkung durch Wort, Nichtwort und Außenbelebung

Gespräch mit Michael Lentz

THOMAS BÖHM: *Du hast die Lesungen aus deinem Gedichtband* Aller Ding *begonnen, indem du den Vers: »ich habe mich nun lange mit dem tod beschäftigt« gelesen und dann lange geschwiegen hast. Was erlebt man, wenn man eigentlich lesen soll und statt dessen schweigt?*

MICHAEL LENTZ: Man spürt den Impuls, weiterlesen zu wollen/müssen. Das Schweigen ist aber integraler Bestandteil des Gedichts. Es sind sozusagen die Strophen des Gedichts. Die Buchseite ist, bis zu der das Schweigen unterbrechenden Schlußzeile »und bin zu keinem schluss gekommen«, leer: carte blanche. Um die eigene Irritation aufzuheben, zähle ich schweigend langsam bis 60. Das Schweigen muß ein Maß haben. Ist Schweigen peinlich? Das überlegt man sich dann. Aber was soll nach so einem Satz wie »ich habe mich nun lange mit dem tod beschäftigt«, der ja so etwas wie eine größtmögliche Ankündigung ist, noch kommen können? In der Geschichte der Poesie wird so viel über das Schweigen gesprochen. Also schweigen. Sprichwörtlich. Nämlich tatsächlich.

Wolltest du durch das Schweigen das Publikum provozieren, etwas zu sagen? Um es von Anfang an aus der Rolle der passiven Zuhörer zu locken?

Nein. Schweigen hat eine Aura. Ich hätte es schade gefunden, wenn das Publikum etwas gesagt hätte. Man schweigt ja nie tatsächlich. Im Kopf redet es. Nachhaltig in Erinnerung ist mir, daß ein Mann nach ca. 30 Sekunden Schweigen aufgestanden und gegangen ist. Böse geschaut hat der nicht. Wiedergekommen ist der auch nicht. Er hat wohl schon alles erfahren, was er wissen wollte.

Welcher Impuls hat jeweils dazu geführt, das Schweigen zu beenden?

Irgendwann ist das Maß halt voll. Es kann ja beim Schweigen nicht bleiben. Das Schweigen ist Bestandteil des Gedichts, nicht einer unendlichen Performance oder Installation. Das Schweigen ist in diesem Gedicht auch Zitat. Es ist ein strophisches Schweigen. Ich denke da an Jesse Thoor, der in seinen Gedichten zuweilen anstelle der ausgeschriebenen Strophen Striche gesetzt hat, getaktetes Schweigen. Ich denke hier das Schweigen auch musikalisch. Ein Innenspannungsschweigen. Das dann seine Zeit hat. Die abläuft.

Während einer Lesung, die ich erlebt habe, hat sich jemand im Publikum während des Schweigens bewegt, so daß man das Knacken seiner Knochen hören konnte. Das brachte das Moment des Existentiellen, des Körperlichen ein. Ein Hör-Bild, das sich mit Worten gar nicht herstellen läßt. Du nutzt den Zufall als Material.

Das ist auch eine sogenannte Stimmungssache. Manchmal ist man eher ängstlich. Dann hält man sich an das von einem selbst Vorgeschriebene. Vielleicht löst sich die eigene Verhaltenheit dann auf, und es findet eine Art Osmose zwischen der aktuellen, akuten Umwelt des Textes, des Gedichts statt. Das gerade Gelesene oder das zu Lesende, das schon dicht vor Augen steht, empfinde ich dann manchmal als eine Antwort auf etwas gerade Geschehendes. Kommentare, direkt ans Publikum gerichtet, fließen ein, oder ich ändere daraufhin spontan das Programm, erzähle etwas, eine Anekdote,

Zuhören entzieht sich jedoch technischer Reproduzierbarkeit – und zwar schon deshalb, weil das Vergehen von Zeit nicht reproduzierbar ist, denn Zuhören beruht auf der verändernden Interpretation von Ereignissen in vergehender Zeit. **Johannes Goebel**

binde ein Husten oder einen merkwürdigen, nicht vorprogrammierten Lichtwechsel, einen Fehler im Ablauf etc. in die Lesung/Performance ein. Eine solche Situation kann natürlich auch kippen, die Situation trägt einen fort, Kabarettnähe kommt auf, oder etwas Peinliches bahnt sich an, wobei Peinlichkeit eine in Deutschland ja viel zu unterschätzte Kategorie, ein Spielball, Material ist.

Du hast beim Vortrag der Gedichte aus Aller Ding *meist gesessen, weniger performt als bei früheren Veranstaltungen. Warum diese Annäherung an »klassische Lesungen«?*

Es sind zunächst einmal Gedichte. Die für sich stehen. Da muß man vielleicht nicht auch noch selber stehen. Wirkung durch Wort oder Nichtwort, weniger angestrebt ist da eine Wirkung durch Außenbelebung. Stimme zählt natürlich, zählt immer. Es sind ja auch viele sogenannte gebrechliche Gebilde darunter. Leisere Töne. Textkontraste sind mir da wichtig. Aber allzu lange halte ich es sitzend auch nicht aus. Es ist manchmal erholsam, nicht zu stehen; und ich weiß, jetzt wird etwas Performiges erwartet. Ist doch schön, Erwartungshaltungen durchbrechen zu können. Ich möchte mich aber textadäquat verhalten. *Aller Ding* ist zum Sitzen. Nicht immer. Das Stehen ist aber auch manchmal nur ein anderes Sitzen. Es ist ein vertikales Sitzen, manchmal. Stehen kann (und soll) was Atemloses haben. Wie meine »Sprechakte«. Andererseits ist es mir dann auch zu blöd, für ein einziges Gedicht aufzustehen und den Performer zu mimen. In ein abendfüllendes Programm von mir eingebunden, arbeite ich mit Kontrasten der Körperhaltung, die ästhetisch wieder

1962 erinnerte ich mich an das natürliche Echo in den Römischen Kellern [der Stadt Reims], und ich kam auf die Idee, dieses für Lautgedichte zu verwenden. [...] Ich befand mich allein am Boden der Kelleranlage. Stundenlanges Vorlesen, Rufen, Schreien, Brüllen. Ich hörte, wie sich das alles in den tausend Gängen verlor und als Echo wiederkehrte, um mit mir ein Zwiegespräch zu führen. **Bernard Heidsieck**

zu den Texten, Stilen etc. zugehörig sind, ihnen eigen. Außerdem gibt es in *Aller Ding* auch fast »klassische« Gedichte – von der Haltung her. Denke ich.

Du hast nachdem du das erste Gedicht – »ich habe mich nun lange mit dem tod beschäftigt« – gelesen hast, das Blatt auf den Boden fallen lassen. Alle anderen hast du in der Hand behalten. Wie weit geht die Inszenierung bei deinen Lesungen, bis in solche leicht zu übersehenden Gesten?

Es kann etwas außer Kontrolle geraten. Was mir zunächst sympathisch ist; daß Kontrolle-Verlieren möglich ist. Ich bin/war mittendrin, heißt das dann für mich. Nicht mittendrin zu sein, kann andererseits schon an Peinlichkeit grenzen. Eine Verausgabung, die Kontrolle verlieren läßt, ist so ein Ideal. Das Publikum merkt hohle Pose, denke ich immer. Es geht da auch um etwas wie »Wahrhaftigkeit« einer Körper-Geist-Einheit. Der Körper ist ein Gedichteigenes, auch. Inszenierung, nicht im Sinne des Theaters, ist mir sehr wichtig. Aber eben nicht Vorinszenierung bis zur abrufbaren Pose, die ich jeden Abend wiederholen könnte. Ich will mich auch selbst noch überraschen können, sonst habe ich bei einer Lesung, bei einem Konzert, auf der Bühne etc., keine Freude mehr. Es muß Anstrengung sein. Herausforderung. Arbeit. Vielleicht habe ich das Zu-Boden-Fallen-Lassen als adäquat empfunden; vielleicht war das auch ein Ausdruck, selber froh zu sein, daß das Schweigen nun zu Ende ist. Eine Markierung. Nach einer Lesung/Performance im Stehen, die also dann ausgestanden ist, ist der Bühnenboden oft ein Blättermeer. Das hat auch den Grund, daß das ewige Blättern auf einem Notenständer, wie man das ja von Konzerten bzw. Instrumentalisten her kennt, ein lästiger, eigentlich

Gute Redner wissen, daß es klug ist, ganz leise zu beginnen, anfangs sogar ein bißchen zu stottern, nach Worten zu suchen, verlegen zu scheinen und sich nach und nach vor den Ohren des Publikums sozusagen freizusprechen. Das ist dem Publikum auch deshalb recht, weil es selbst ja auch nicht

überflüssiger Begleitumstand ist, der zwar ritualisiert werden kann und wird, der Musik aber nichts hinzufügt. Zudem bin ich so flexibler: Ich habe die stimmungsmäßige Freiheit, einen oder mehrere zurechtgelegte Texte nicht zu lesen, lasse diese sprichwörtlich fallen, gewinne Zeit fürs Wesentliche, den Vortrag, kann herumwandern (besonders gut bei Mikroport, kabellosem Mikrophon), bin also ortsunabhängiger, kann ins Publikum gehen etc.

Du arbeitest in deinen Texten mit Alltagssprache, »Volksmund«, Phrasen. Du liest sie aber oft stakkatoartig, mit hohem Tempo, mit gänzlich anderer als alltäglicher Betonung. Welche Effekte, Erlebnisse, Erkenntnisse ergeben sich für dich durch dieses »andere Sprechen«?

Musikalisierung, Rausch, (Selbst)Überwindung, Fetisch Sprache, Sprechen als Trieb(leben), Vitalisierung, Sprechen als Sport, schneller als (begriffliches) (Mit)Denken sein (wollen), sich jung fühlen, Großstadtpotpourri der Laute; Ernst machen mit dem Gerede von Geschwindigkeit als alltäglicher Erfahrung, Reflex dieser Erfahrung als ästhetisches Erleben, Brainstorming, Pulsieren, außer sich sein, aus seinem Munde hervorgehen, und der »Volksmund« ist mittendrin; Erinnerung an meine Herkunft.

Du hast dich wie kein zweiter mit der Geschichte der Lautpoesie beschäftigt. Von welchen Autoren hast du am meisten für deine eigenen Auftritte gelernt – und was?

Von Josef Anton Riedl (München) lernte ich u. a. Konzentration, die Auffassung einer Lesung als Konzertsituation, das präzise Artikulieren als musikalisches Sprechen, das Empfin-

gleich in der reinsten Stimmung ist, sondern aus dem täglichen Leben kommt und sich nach und nach erst von anderen Gedanken, Sorgen und Launen reinigen und befreien muß. **Hermann Bahr**

den für Zeiteinheiten und die simultane Aufführungspraxis von Live-Sprechen mit Tape-(CD-)Zuspielung. Bernard Heidsieck (Paris) und insbesondere Franz Mon (Frankfurt) weckten mein Interesse für lautpoetisch-prosaische Mischformen. Das Anhören der akustischen Arbeiten von François Dufrêne (Paris, gest. 1982) und Carlfriedrich Claus (Annaberg-Buchholz, Chemnitz, gest. 1998) machte mir sofort klar, anders als die Genannten arbeiten zu müssen, weil sie Artikulatorisches konsequent bereits bis an äußerste Grenzen vorangetrieben haben. Bob Cobbing (London, gest. 2002) zeigte mir, daß Lautpoesie ein gewaltiger körperlich-stimmlicher Akt sein kann. Von Jaap Blonk lernte ich, mich nicht zu schämen.

In deinen Texten arbeitest du mit »erweiterten Fundstücken«, mit »Nachgetragenem«, »Konzepten und Rezepten« – sprich: bearbeiteten Zitaten. Gibt es solche bearbeiteten Zitate auch in einzelnen Formelementen deiner Lesungen?

Zum Beispiel das Herumblättern in eigenen Büchern habe ich, als Formelement und Zitat, von Wolfgang Hilbig übernommen. In Frankfurt haben wir zusammen Gedichte vorgetragen, Hilbig blätterte in einem seiner Gedichtbände rum, suchte ein bestimmtes Gedicht, das dauerte, er kommentierte das Dauern, er bedauerte das, er fand das Gedicht nicht, weil es in einem ganz anderen seiner Bücher stand, er bedauerte das, las statt dessen ein anderes vor, das ihm zufällig unter die Augen kam, dann erinnerte er sich, wo das Gesuchte stand, blätterte wieder ... fand es schließlich, las es

Tagsüber, Vorbereitung durch Stille, Leere, kaum gesprochen. Ich wiederholte mir diese Parole: »Lesung in Wahrheit, einzig und sanft.« ... Ich begann sehr langsam, sehr konzentriert, die Finger völlig regungslos. Eindruck wachsender Verrücktheit, die Welt dazu zu zwingen, eine andere Sprache zu hören. Wie ein Opfer. Ich mache eine Krankheit zum Geschenk. Physisches Bedürfnis nach dem Buch, das sich immer in Stille schreibt, eine Lesung zu geben, um die Ausstoßung zu vollenden und wieder atmen zu lernen.

vor. Das war nicht so geplant von Wolfgang Hilbig. Mir aber äußerst sympathisch, plötzlich. Rumblättern und Nichtfinden in Büchern während einer sogenannten Dichterlesung ging mir sonst immer auf die Nerven, ich las deshalb immer von Kopien ab. Rumblättern als Zitat einer traditionellen Lesung. Ein Vor-Augen-Führen. Das kann dann mehr oder weniger inszeniert sein oder wirken. Dann interessiert mich manchmal, einen plötzlich eingestreuten, weitläufig werdenden autorenpoetologischen Selbstkommentar ad absurdum zu führen. Warum soll es der sogenannte Dichter besser wissen? Täuschung des Publikums, eine weitere Zitatbearbeitung als Formelement der Lesung. So tun, als lese man etwas vom Blatt ab, was (vielleicht) gar nicht da steht.

Die Performances der klassischen Avantgarde (auch der Lautpoeten) und der 60er Jahre verband der Affront gegen das Bürgertum, gegen die Tiefensinnzumutung, gegen die Bewußtlosigkeit im Umgang mit Sprache. Findet eine solche Provokation heute überhaupt noch einen Resonanzraum außerhalb des Literaturbetriebes?

Was genau und wo ist dieser Literaturbetrieb? Diese Provokation, so sie denn eine solche ist oder sein soll, findet nicht mal mehr in diesem Betrieb statt. Für mich kann das nur immanentes poetologisches Element sein. Provokation um ihrer selbst willen ist schwachbrüstig, Zitat, falsch verstandene Avantgarde. Der Formgedanke (»Spieltrieb«, »Formtrieb« heißt es bei Schiller) ist wieder stärker in den Vordergrund getreten. Selbstthematisierung des Medialen. Und zu diesem Medialen, das als Formelement plötzlich auch inhalt-

Anfällig für Ohnmachten, für Leblosigkeiten, muß ich immer aufs neue die Lehre des Lebens machen, des Atems. Es geht nicht darum, einen schriftlichen Text zu interpretieren, mündlich zu verbreiten, sondern eine mentale Erfahrung von Ausatmung zu üben, wie einer, der jedesmal gezwungen wäre, sich von seiner eigenen Sprache zu nähren, ein Ausübender des Atems werden. **Valère Novarina**

lich werden kann, sozusagen durch die mediale Hintertür wieder als Inhalt reinkommt, gehören auch Fragen der Inszenierung, der Wahrnehmungspsychologie, der affektiven Rezeptionslenkung und -irritation. Wenn das Füllhorn des menschenmöglich Inhaltlichen zur Neige gegangen ist oder zu sein scheint, müssen Formelemente inhaltlich werden. Das nennt man dann mediale Erfahrung. Letztlich vielleicht nur eine tautologische Didaxe mit überraschenden Bluffqualitäten. Quälend nur das programmatische Gesabbere allerorten darüber; man denke nur an die Programmkommentare mancher Medienkunstverkündigungen.

Gemurmel, Nichtverstehen, Selbstthematisierung von Sinnfragen, die als solche (bloß) ausgestellt werden, die Frage als Antwort, sind bereits zum integralen Bestandteil von Alltagserfahrung geworden und als solche auch z. B. in die Werbung eingegangen. Das Signal könnte lauten: Auch wenn du hier nichts verstehst, auch wenn dir hier Schrift von keinerlei Sprache begegnet, auch wenn du im Dschungel bist, du weißt, wo es lang geht. Nichtverstehen als Primärerfahrung wirkt hierdurch – und vielleicht ist das auch ein Effekt von Globalisierung – nicht mehr so bedrohlich; es ist fast schon zivilisatorische Grundvoraussetzung geworden, ein allgemein geteiltes Allgemeines. Nichtverstehen ist vielleicht auch das eigentliche Phantom des Literaturbetriebs. Man braucht auch ein Buch nicht mehr gelesen zu haben, um darüber sprechen oder urteilen zu können. (Sprechen ist immer schon urteilen.) Das Abrufen eines einzigen Medienbegriffs ersetzt die Sinnfrage.

Eine grundverfehlte Idee bleibt es jedoch, Gedanken-Dichtungen [...] im Konzertsaal vorzulesen. Ein überhörtes Wort – und der Faden des Verständnisses ist abgerissen. Eine jener sekundenlangen plötzlichen Sterilitäten des Gehirns, eine jener kurzen, aber gründlichen Unterbrechungen der Perzeptionsfähigkeit, wie sie beim aufmerksamsten Zuhörer doch manchmal eintreten – und zwischen uns und den Dichter hat sich ein Nebel gesenkt, durch den wir, in diesem Gedicht wenigstens, keinen Weg mehr zueinander finden. **Alfred Polgar**

John von Düffel

Der Autor als Medium

Die auf Lesungen mit Abstand am meisten gestellte Frage lautet: »Ist das autobiographisch?« Und selbst wenn sie aus Gründen literaturwissenschaftlicher Etikette nicht gestellt wird, ist sie trotzdem die Frage, die am meisten interessiert. Das hat nichts mit einem angeblichen Voyeurismus des Literaturbetriebs zu tun und auch nur bedingt mit einer boulevardhaften Neugier auf den Autor als Privatmensch. Die Frage nach den eigenen Erfahrungen ist uralt. Sie reicht noch weiter zurück als die schriftliche Überlieferung. Es ist die Frage nach der Autorität des Erzählers und seiner Legitimation durch gelebtes Leben – eine Frage, die von alten Männern am Feuer und von geschichtenerzählenden Großmüttern naturgemäß mit einem Nicken quittiert wurde.

Selbstverständlich stellt sich die Frage: »Was ist der Autor für ein Mensch, was hat er erlebt?« auch beim stillen Lesen im Sessel. Wer hätte noch nie nach einer heiklen Stelle im Roman zurück zur Autorenbiographie geblättert oder einige Minuten über dem Porträtfoto neben dem Klappentext gebrütet? Doch auf Lesungen erscheint diese Frage noch zwingender. Das hat viele Gründe: Sie liegen in der teilweisen Zurückverwandlung des Schriftstellers in einen Erzähler, in der Rückübersetzung des Schriftlichen in die Mündlichkeit. Sie liegen darin, daß an die Stelle der chiffrierten, gleichsam körperlosen Überlieferung durch Buchstaben auf weißem Papier die Vermittlung durch die konkrete Physis des Autors tritt, der gegenüber seinem Text – ob er will oder nicht – in die Situation eines Schauspielers gerät.

Jede Lesung ist eine Verwandlung. In dem Moment, da der Autor das Podium betritt, wird er zur Figur. Es stellen sich auf einmal Fragen der Glaubwürdigkeit und der Sympathie oder Antipathie jenseits des Textes. (»Was weiß denn dieser junge Bursche schon von Tod und Trauer?« – »Also, das Buch mochte ich ja sehr, aber seine Art ist mir irgendwie unsympathisch.«) Es entsteht ein Primat der Person über die Fiktion. Und in der sehr unvollkommenen Persönlichkeitsschau, die eine Lesung meistens darstellt, drohen Momente von Nacktheit und Scham, wann immer sich der lesende Autor den von Sprache kontrollierten Emotionen nähert, aus denen die Realität seines Textes besteht. Ein Versprecher zur Unzeit, ein mehr schlecht als recht gestammeltes Wort oder der verzweifelte Griff zum Wasserglas gelten als Indizien dafür, daß hier das Leben über das Schreiben, das Gelebte über das Geschriebene siegt. »Das war doch jetzt autobiographisch, oder?!«

Lesen verändert den Text

Auf die Frage »Ist das autobiographisch?« habe ich auf unterschiedlichen Lesungen unterschiedliche Antworten gegeben, insbesondere bei meinem Debütroman »Vom Wasser«, den ich ohne Übertreibung mittlerweile an mehr Tagen gelesen als geschrieben habe. Zu Beginn meiner Wasser-Lesereise (die wahrscheinlich nie so ganz zu Ende sein wird) habe ich eisern behauptet, das Buch sei überhaupt nicht autobiographisch. Nach etwa der Hälfte fing ich an einzuräumen, es sei teilweise autobiographisch. Und schließlich ging ich dazu über zu sagen: »Ja, es ist absolut autobiographisch.« Das, was nicht autobiographisch war, war inzwischen autobiographisch geworden. Dichtung und Wahrheit hatten sich in einem unentwirrbaren Suggestionssog vereint. Meine gelebte Kindheit – was immer das sein mag – verblasste gegenüber der geschriebenen. Und in gewisser Weise wurde der Roman

Dann Dortmund. Ich lese, höre aber wenig vom Publikum. Alle meine Text-Teststellen verfliegen reaktionslos im Raum. Ich wage nicht mehr aufzuschauen. Bin ich wieder in Ulm? Im Jahr 1957? Bei der ersten Lesung überhaupt. Da war es genauso still. **Martin Walser** über eine Station seiner Lesereise 1978

durch seine beschwörungsartigen Wiederholungen und Lesungsrituale für mich wirklicher als die Wirklichkeit. Die Publikumserwartung, daß es ein autobiographischer Text zu sein habe, ging mir in Fleisch und Blut über. Ich fand mich zusehends wieder als Reisender in einer großangelegten Kindheitssimulation. Und am Ende hatte ich den Roman nicht nur unzählige Male vorgelesen, sondern regelrecht vorgelebt.

Der Autorerzähler

Die Frage nach dem Autobiographischen stellt sich auf Lesungen so direkt, weil die Differenz zwischen Autor und Erzähler beim Vorlesen verschwindet. Für mich am Schreibtisch ist der Unterschied nicht nur spürbar, er macht sogar die vitale Dynamik des Schreibprozesses aus. Dadurch, daß der Erzähler eine Figur ist, mit der ich nicht oder nur sehr partiell identisch bin, gibt es eine fremde Perspektive, eine andersartige Weltwahrnehmung und einen eigenen Ton, an den ich mich als Autor heranarbeite. Durch eine Figur ist die Welt – und natürlich insbesondere meine eigene Erfahrungswelt – neu zu entdecken. Dadurch lassen sich Grenzen verschieben und auch Gefühle riskieren, die ich mir im wirklichen Leben so nicht erlauben würde. In meiner Arbeit ist also die Spanne und Spannung zwischen Autor und Erzählerfigur eine Voraussetzung von Produktivität. Aus dieser Nichtidentität heraus entsteht das, was ich »Schreibtischschauspielerei« nenne: das Eintauchen und Hineinverwandeln in eine Figurenwelt. Es handelt sich dabei um einen quasischauspielerischen Akt, der keineswegs Verstellung bedeutet, sondern die Suche nach dem Fremden im Eigenen und dem Eigenen im Fremden. Nur daß die autosuggestive Arbeit des Schauspielers in den Körper wandert, während die des Autors gleichsam im Kopf bleibt. Wo der Bühnenschau-

Dann Köln. Der schwierigste Tag der Reise. Und nicht nur der Reise. Auf einen schwierigeren Termin bin ich noch nie zugereist. 20. April 1978. Was kann an einem 20. April [dem Geburtstag Hitlers] Gutes kommen?
Martin Walser über eine weitere Station seiner Lesereise 1978

spieler seine Verwandlungs- und Anverwandlungsarbeit sinnlich in Bewegung und Stimme ausdrückt, manifestiert sich die Suggestion des Schreibtischschauspielers im geschriebenen Wort. Körper und Stimme bleiben weitgehend tot.

Sein und Nichtsein

Am Schreibtisch entfaltet der Autor seine größte suggestive Kraft. Auf Lesungen indessen ist er entgegen weitverbreiteten Vorurteilen nicht in seinem Element. Für den Zuhörer schwindet die Differenz zwischen Autor und Erzähler, oder sie zeigt sich als Enttäuschung. (»Ich hatte Sie mir viel größer vorgestellt und dunkelhaarig.«) Hatte die Nichtidentität mit der Erzählerfigur beim Schreiben noch Mut gemacht und Welten eröffnet, so schnurrt der Schriftsteller vor den Augen des Publikums unversehens auf sich selbst zusammen. Wo er sich beim Schreiben Gestalt und Stimme seiner Figur borgen konnte, ist er nunmehr auf seine eigenen physischen Ausdrucksmittel zurückgeworfen, auf seinen naturgegebenen Körper und seine organische, unliterarische Stimme.

Der Autor ist auf einmal nicht mehr das, was er schreibt, er wird gesehen und gehört. Und während er seinem eigenen S-Fehler lauscht, während er die Speichelbläschen auf der Zunge zerplatzen hört und mit kieferorthopädischen Artikulationsschwierigkeiten ringt, wünscht sich so mancher Schriftsteller an seinen Schreibtisch zurück: zurück zu der entleibten Literaturvermittlung unserer medialen Welt, zurück zu einer quasi-telepathischen Verbindung mit seinen Lesern und der Gedankenübertragung durch das lautlos geschriebene Wort.

Der Autor ist der Urheber einer Geschichte, aber er ist seit der Erfindung der schriftlichen Überlieferung nicht mehr deren Medium. Doch genau dazu macht ihn die Lesung. Sie bringt ihn wieder in die teils glückliche, teils unglückliche

Dann Düsseldorf. Wieder eine sehr hohe Bühne. Ich verstand den Wink und versuchte, meine Lesung predigtmäßig zu intonieren. Erneut **Martin Walser** auf Lesereise 1978

Lage, wieder Träger und Vermittler seiner Geschichte zu sein. Er wird sein eigener Erzähler und Schauspieler aus Notwehr. Als solcher kann er geeignet oder ungeeignet sein, unabhängig von seiner Qualität als Schriftsteller. Es gibt hervorragende Autoren, die als Medium ihrer Texte so wenig taugen, daß sie selbst die beste Geschichte durch ihren Vortrag ruinieren. Und es gibt durchaus mäßige Autoren, die als Performer und Schauspieler dermaßen begabt sind, daß sie auch einen schwachen Text auf Lesungen zu ungeahnter Wirkung bringen.

Der Kampf um die Autor-ität

Der Autor, der sein eigenes Medium wird, erbt damit auch das uralte Problem des Erzählers und Schauspielers. Auf Lesungen reicht es nicht, einen glaubwürdigen Roman geschrieben zu haben. Der Zuhörer/Zuschauer erwartet eine persönliche Beglaubigung über den Text hinaus. Niemand zweifelt an der Autorschaft desjenigen, der auf dem Podium sitzt und vorliest. Wovon sich das Lesepublikum jedoch überzeugen will, ist seine Autor-ität. Vor allem deshalb wird die Frage nach dem autobiographischen Hintergrund so oft gestellt. Nur vordergründig geht es darum, ob der Autor dieses oder jenes wirklich so und nicht anders erlebt hat. Es geht vielmehr um seine persönliche Glaubwürdigkeit und außerliterarische Kompetenz in der Geschichte. Er muß nicht die biographische Wahrheit sagen, aber er muß überzeugend sein. Nur wenn er die Geschichte beglaubigt, wird er sie den Zuhörer auch glauben machen.

Wie das Theater kommt auch eine Lesung nicht ohne die Seifenblase der Illusion aus. Ich nenne sie die »autobiographische Fiktion«. Jeder halbwegs aufgeklärte Zuhörer weiß

Dann Berlin. Genau wie Göttingen. Wieder war eine Frau Ernst da und tadelte. Wieder verfiel ich in Pointen-Sucht. Wieder wurde ich getadelt und so weiter. Offenbar war in Göttingen ein Punkt erreicht, über den ich momentan nicht hinauskam. Berlin war die letzte Station der Lesereise von **Martin Walser** im Jahre 1978

im Grunde, daß der Autor den Roman, den er vorträgt, so nicht eins-zu-eins erlebt hat. Und dennoch erhofft er sich von dem Lesungsbesuch die Erkenntnis des »gewissen Etwas«, sei es ein Funke von Echtheit, die vielbeschworene »Aura des Authentischen« oder ein plötzliches Moment von Identität. Gesucht wird der Missing Link zwischen Autor und Roman, eine Verbindung zwischen Leben und Schreiben. Und das ist das Geheimnis, hinter das die meisten Lesungsbesucher zu kommen versuchen. (Nicht zuletzt deshalb lautet die zweithäufigste Frage auf Lesungen: »Wie schreiben Sie?«)

Der Autorschauspieler

Um dieser »autobiographischen Fiktion« auf den Grund zu gehen, lohnt sich wiederum der Vergleich mit dem Theater. Von einem Schauspieler, der den Hamlet spielt, erwarten wir nicht, daß er wirklich Hamlet »ist«. Wir wollen auch nicht wissen, ob sein Onkel tatsächlich seinen leiblichen Vater ermordet und seine Mutter geheiratet hat, bevor wir ihm die Rolle zugestehen. Aber wir erwarten, daß der Schauspieler weiß, wovon er spricht. Er muß als Hamlet glaubwürdig und überzeugend sein, und das ist er nur, wenn sich die fiktive Figur mit dem Schauspieler wie auch immer »verbindet«, wenn es eine »emotionale Realität« gibt, die sich der Schauspieler erarbeitet und in der er mit der Figur für Augenblicke eins ist. Diese Berührung nenne ich die »autobiographische Fiktion«. Es ist die Verbindung von Fiktion und Erfahrung, die wir uns meist nur – in grober Vereinfachung – als etwas mehr oder weniger »Selbsterlebtes« erklären können. Eine solche Verbindung sucht auch das Lesepublikum zwischen dem Autor und seinem Roman.

Des Dichters Haar war meiner Meinung nach nicht ganz einwandfrei gescheitelt, und die Gedichte, die er zum besten geben zu dürfen meinte, gefielen ihm einst selbst, als er sie schrieb, sehr; doch jetzt, als er sie rezitierte, taten sie dies eigentümlicherweise nicht mehr. [...] Ein selbst nicht Ergriffener vermag nicht ergreifend zu wirken. **Robert Walser**

Doch so sehr der Autor mitunter zum Schauspieler in eigener Sache wird, so sehr zeigt der Vergleich mit dem Theater auch die Unterschiede. Ein guter Schauspieler wird in seinen besten Momenten eine emotionale Realität schaffen, in der er die Figur Hamlet gleichsam »erwischt«, aber er bleibt stets das Medium dieser Figur. Er ist nicht deren Urheber, wenngleich man sich enthusiastische Kritiken vorstellen kann, in denen es heißt, er habe »Hamlet zum Leben erweckt« oder »wiederauferstehen lassen«. Doch man lobt den Schauspieler letztlich dafür, daß er die Verbindung zur Figur »herstellt« und die Illusion des Selbsterlebten »erzeugt«. Beim Autorschauspieler ist diese Verbindung von vornherein da. Er muß sie nicht herstellen, sondern nur »offenbaren«, so will es zumindest ein Großteil des Publikums. Er muß nicht aktiv »schau-spielen«, sondern gewissermaßen nur »schau-sein«. Daher die Momente von Nacktheit und Scham, die auch nach der tausendsten Lesung noch drohen.

Spiel oder Nichtspiel?

Mit dieser Neugier des Publikums auf die Verbindung zwischen dem wirklichen Autor und seinen fiktiven Figuren gehen Lesereisende unterschiedlich um. Das Spektrum reicht von totaler Verweigerung bis hin zu schamlosem Exhibitionismus und Selbstschauspielerei. Der lesende Autor kann versuchen, die Nähe zu seinen Figuren zu verbergen, indem er deren emotionale Realität durch einen nüchternen und zurückgenommenen Vortrag unterläuft. Aber er kann auch durch Emphase, Intonation und angedeutete Gesten diese Verbindung vor seinem Publikum geradezu beschwören. Wie man es macht, ist mehr als nur Geschmackssache. Denn anders als ein gelernter Schauspieler, der eine Reihe von Registern zur Verfügung hat, sind die Möglichkeiten des Autors als Medium seiner selbst sehr begrenzt. Die Frage

Ich nehme mir immer vor, alles Geschriebene jemandem laut vorzulesen, und meistens tue ich es auch. Als Zuhörer eignet sich fast jedermann, er darf nur nicht so klug sein, daß ich Scheu vor ihm habe. **Samuel Butler**

»Spiel oder Nichtspiel?« bedeutet für den Schriftsteller auf dem Podium keine Wahl. Er entscheidet nicht souverän über seine Mittel, sondern kann meistens einfach nicht anders.

Die »Lesetechniken«, die sich Autoren auf ihren Reisen durch Buchhandlungen, Literaturhäuser und Schulaulen zulegen, stellen in der Regel Überlebensstrategien dar. Sie sind aus der Not geboren und dienen überwiegend dem Selbstschutz. Wenn ein Autor sehr »manieriert« vorträgt oder eine Autorin unentwegt einen einzigen »Tonfall« bemüht, wenn jemand betont langsam oder rasend schnell liest, steckt dahinter immer die Angst, zuviel von der Nähe zum eigenen Text und seiner emotionalen Realität preiszugeben. Scham und das Gefühl der Nacktheit lesen immer mit. Und darin besteht der wohl größte Unterschied zum Schauspieler, daß nämlich der in eine Schauspielersituation geratene Autor mehr damit beschäftigt ist zu verbergen, als zu zeigen, und zwar jeder auf seine Art. Insofern dürfte es wohl ein ewiges Versteckspiel zwischen dem Autor und seinem Lesepublikum bleiben. Noch am Ende sämtlicher Lesereisen wird er die Verbindung von Leben und Schreiben zu schützen versuchen, während seine Zuhörer auf jedes Indiz dafür lauern. Und wenn der lesende Autor schließlich seinen letzten öffentlichen Atemzug getan hat, wird es dennoch heißen: »Also, da kann er sagen, was er will, autobiographisch war es trotzdem!«

Die Leute wollen die Hand schütteln, die den Ulysses *schrieb. Wenn sie wüßten, was diese Hand sonst noch getrieben hat.* **James Joyce**

Walter van Rossum

Warum ich nicht mal zu meiner eigenen Lesung ginge – und was ein guter Moderator daran ändern könnte

Das öffentliche Geschichtenerzählen und das Vorlesen eigener oder fremder Texte mag eine lange Tradition haben. Doch wahrscheinlich muß man von unterschiedlichen Motivlagen zu unterschiedlichen Zeiten ausgehen. In Deutschland darf man seit einigen Jahren von einer außerordentlichen Lesungsbegeisterung sprechen. Dabei wird gerne so getan, als habe sich die Literatur eine neue Auftrittsart erschlossen. Vielleicht beruht die flächendeckende neue Lesungs-Kleinkunst in Wahrheit ja vielmehr auf einem jüngeren Mißtrauen in die Schrift, zeugt also nicht von der Vitalität der Literatur, sondern vom Schrumpfen des Kerngeschäfts: Lesen.

Der Hypothese vom Mißtrauen in die (Literatur-)Schrift entspräche auf der anderen Seite der neue Glaube an die Authentizität des gesprochenen Wortes. Man könnte glatt vermuten, es gäbe da eine Relation zwischen dem Aufkommen der Talkshow in Deutschland vor ziemlich genau 30 Jahren und der Institutionalisierung des Vorlesezirkus. Beide leben von der Faszination für das öffentlich gesprochene Wort. Doch während es von Anfang an zur guten Talkshow gehörte, daß man in Talkshows Talkshows verachtete (»Dies ist keine Talkshow«, so eröffnete Marcel Reich-Ranicki am 25. März 1988 das erste *Literarische Quartett*), werden literarische Lesungen als intime, kalkuliert schmucklose Andachten der Kunstreligion gefeiert.

Spätestens allerdings wenn das letzte Dichterwort verklungen ist und wenn die Stunde des Publikums kommt, das den Dichter befragen darf und soll, dann gehen die Lichter der Erbauung aus: Das Abfragen der »Botschaft« vernichtet die letzte Illusion von Kommunion. Jetzt wird die Prosa auf Lebensberatung hin abgeklopft. Es ist so viel Ratlosigkeit in der Welt – warum soll man da nicht eine der großen abendländischen Behauptungen konsultieren: die Literatur. Darüber mag man lachen oder nicht. Mich interessiert hier nur der Dichterauftritt als Ort eines Mißverständnisses: Die gelesene Literatur genügt nicht.

Der Leser unserer Tage tut mir herzlich leid. Von aufdringlichen Stimmen wird er laufend genötigt, an *die* Literatur zu glauben. Man wirft ihm die Namen längst verblichener Genies an den Kopf und gibt ihm zu verstehen, daß die Literatur so ungefähr die letzte Bastion des Abendlandes sei. Der moderne literarische Ablaßhandel läuft so: mit der Lektüre eines »guten« Buches brummt man die Sünde von ca. sechs TV-Abenden ab. Man macht ihn mit den Martyrien der großen Autoren bekannt, damit er versteht, daß jede Zeile Literatur sich eher gewaltigen existentiellen Schmerzen verdankt als der Beherrschung irgendeiner Technik oder der heiklen Lust am Imaginären. Er weiß nie genau, ob Lesen ihn von der Welt befreit oder ob es ihn nicht vielmehr in die »wahren« Geheimnisse der Welt einweiht. »Scripta manent« suggerieren ihm die Pathetiker des Feuilletons. Das sind dieselben Leute, die ohne Zögern Kohorten von Autoren und Zehntausende von Neuerscheinungen auftragsgemäß durch die Furt einer Saison treiben. Doch je mehr die Evidenz der Literatur verblaßt, um so mehr macht die Lesung als *event* Karriere.

Nun bin ich aber in der Literatur vermittelnden Branche tätig, d.h., ich schreibe Kritiken und führe Gespräche mit Schriftstellern. Irgendwann muß man sich entscheiden, ob man den Zirkus mitmacht oder ob man sich was Neues einfallen läßt. Also, wie läßt sich über Literatur literarisch spre-

(c) Engagiert der Veranstalter einen Vorredner, Moderator, Einführungsredner oder dergleichen, erhöht sich das Honorar von Schuldt um 50%, mindestens jedoch um den Gesamtbetrag an Reise- und Nächtigungskosten sowie Honorar, der für den Vorredner usw. aufgewendet wird. Aus **Schuldts** »Vertrag Lesungen«

chen? Da die »Botschaft« sich meistens als bloße Meinung entpuppt, sollte man die Literatur als Handwerk in Augenschein nehmen – also z. B. die analytische Umsicht und die synthetische Inbrunst, die der Schriftsteller braucht, um einen Text zu schaffen. Allerdings ist es so gut wie unmöglich, mit Schriftstellern über ihre Arbeit zu sprechen. Sie behaupten glatt, sie verstünden auch nicht, warum sie dieses und kein anderes Adjektiv benutzen oder wie die Sequenz einer Handlung aufgebaut ist. Das mag an dem lächerlichen Theorie-Radau liegen, den die Literaturwissenschaftler gerne veranstalten. Das mag aber auch an der langen Tradition von Poetiken und ästhetischen Theorien liegen, die die Unschärfe zum Wesen der Kunst erklären. Wie auch immer, die meisten Schriftsteller werden im Brustton der Überzeugung erklären, sie wüßten nicht genau, warum sie überhaupt schreiben (oder schlimmer: sie tischen eine hübsche Erweckungsanekdote auf), und warum sie so schreiben, wie sie schreiben. Das mag in gewissen Grenzen stimmen. So wie es stimmt, daß ich nicht genau weiß, woraus die Kompositionsprinzipien eines meiner beiläufig gesprochenen Sätze bestehen. »Es« spricht und ich verstehe mich oder ich korrigiere mich. Das literarische Schreiben unterscheidet sich wenigstens in dieser Hinsicht davon nicht sonderlich. Trotzdem ist der Autor etwas anderes als der Durchlauferhitzer verbalen Magmas. Er arbeitet sehr genau an seinem Stil: die komplexe Ordnung seiner Sprache und der Stil ist seine raison d'être. Und jede Schreibweise verweist auf eine Metaphysik oder – sinnlicher – eine Weltanschauung, wie Jean-Paul Sartre es in seinen frühen Literaturkritiken formuliert hat. Roland Barthes hat daran anschließend die »écriture« die »moralité de la forme« genannt – die Schreibweise als Moralität der Form. Wenn ein Autor schreibt »Die Sonne schien, und es war heiß« oder

Daß jeder Abend durch einen Vortrag über die betreffenden Dichter eingeleitet wurde, hat sich nicht als nachahmenswert erwiesen. Man nahm die Vorträge auf wie überflüssige Vorreden zu einem interessanten Buch.
Kölnische Zeitung

»Sonnenball. Hitze« oder »Die Sonne hüllte die ganze Stadt in opake Hitze« – dann handelt es sich um drei verschiedene Weisen, die erzählte Welt zu spüren zu geben. Allerdings läßt sich diese »Weltanschauung« nicht in diskursive Erkenntnis übersetzen. Der Schriftsteller beschreibt ja auch nicht die Realität, sondern er erfindet eine Welt, als deren Fluchtpunkt das Imaginäre erscheint: sinnlicher, aber nicht diskursiv ableitbarer Sinn. Damit möchte der Romancier uns nicht in die Paradiese irrealer Phantasie entführen, er nimmt den Umweg über die erzählte Fiktion, um dem Leser die real existierende Realität als ein Imaginäres zu spüren zu geben. Vielleicht lieben die Schriftsteller deshalb die Liebesgeschichten so sehr, weil die Liebe die reale Macht des Imaginären aufs Heftigste bezeugt. Denn die Liebe ist eine rein imaginäre Operation. Es gibt keine Gründe. Lieben und Geliebtwerden heißt dem Imaginären folgen. »Parce que c'etait moi, parce que c'etait lui«, so hat Montaigne die Plausibilität der Liebe schon vor Jahrhunderten auf den logischen Nenner gebracht. Doch aus diesem Nichts an namhafter Begründung entstehen Höllen und Paradiese.

Welcher Motive auch immer sich ein Roman annehmen mag – mit der ersten Zeile verwandelt sich die Welt in ein Reich des Imaginären: in unübersetzbare Bedeutung. Die große Kunst etwa eines Zola besteht darin, beispielsweise von einem Ingenieur zu erzählen, der sich als Techniker des praktischen Wissens versteht, der sich aber durch den Gang der Erzählung in einen konturierten Traum verwandelt. Und so zeigt uns Thomas Mann in den »Buddenbrooks« nicht, wie es »wirklich« in einer Lübecker Kaufmannsfamilie zugeht, sondern wie sich die Familie über Generationen aus den Augen verliert, kurz, wie sie sich unbegreiflich wird.

Welche Zivilisation hat denn, allem Anschein nach, mehr als die unsrige Respekt vor dem Diskurs gehabt? Wo hat man ihn besser geehrt und hochgehalten? Wo hat man ihn denn radikaler von seinen Einschränkungen befreit und ihn verallgemeinert? Nun, mir scheint, daß sich unter dieser offensichtlichen Verehrung des Diskurses, unter dieser offenkundigen

Automatisch verweist jeder Roman das Orientierungsmodell Realität und den angeschlossenen Realismus in das Reich trüber Mythen. So könnte ich leicht begründen, warum ich diesen Text schreibe: ich erfülle einen Auftrag, verdiene Geld, mehre meinen Ruhm, beglücke die Menschheit mit letzten Weisheiten – und was es sonst noch so an frommen und pathologischen Handlungsmustern gibt. Wäre ich der Held eines Romans, dann wären diese Erklärungen Teil meines Auftritts. Und der Romancier würde vielleicht davon erzählen, daß in meinem Zimmer ein Vorhang flattert, daß ich zwischendurch an Sex denke, den Auftraggeber dieses Textes verfluche, und eventuell erwähnte er die Flecken auf meinem Hemd und die Temperatur meines Lebens. Ein paar Zeilen Erzählung verwandelten meine lichte Existenz in ein Geheimnis. Und es ist wahr: Ich entgehe mir. Weder verstehe ich mich ganz als Autor dieses Textes noch als die Person mit dem fleckigen Hemd in dem Zimmer mit dem wehenden Vorhang. Doch von dieser Sorte Unbegreiflichkeit lenkt uns der Realitätsbetrieb, in dem wir uns tapfer als Realisten behaupten, in der Regel ab. Nur in den sogenannten existentiellen Krisen reißt der dünne Faden des Realismus rasch.

Der Romancier hingegen sucht von Anfang an den Zusammenbruch des Realismus. Zuallererst: er will das Reale nicht erklären. Von der Rhetorik des Wissens, vom Rauschen der Information kann er höchstens erzählen. Wie sollte er auch erklären, wenn ein Roman nichts als Fiktionen enthält? Doch die Fiktion ist die Bedingung für das Erscheinen des Imaginären, wie Wolfgang Iser sehr einleuchtend in »Das Fiktive und das Imaginäre« beschrieben hat. Eine Textur komplexer sinnlicher Bedeutungen, die in dem Maße real werden, wie wir sie nachschaffen. Das Imaginäre verwandelt

Logophilie, eine Angst verbirgt ... eine stumme Angst vor jenen Ereignissen, vor jener Masse von gesagten Dingen, vor dem Auftauchen all jener Aussagen, vor allem, was es da Gewalttätiges, Plötzliches, Kämpferisches, Ordnungsloses und Gefährliches gibt, vor jenem großen unaufhörlichen und ordnungslosen Rauschen des Diskurses. **Michel Foucault**

die deutlichste Tat (was immer das sein mag) in Magie und Glaube. Doch das Imaginäre ist keine leere Generalchiffre fürs große Unbegreifliche oder insgesamt Unbewußte. Der Schriftsteller schickt uns nicht einfach ins Chaos und den Tumult der Kontingenz, er hüllt die Welt in die vieldeutige Ordnung der Erzählung.

Wenn uns die Literatur in die Unwahrscheinlichkeit der Realität schickt, so ist sie selbst vielleicht das Unwahrscheinlichste. Warum schlägt einen ein vielbändiger Wälzer wochenlang in Bann, der mit dem wenig aufregenden Bekenntnis beginnt »Lange Zeit bin ich früh zu Bett gegangen«? Was habe ich mit Effi Briests Ehe- und Ehebruchproblemen zu tun – zumal die auch noch eine Ewigkeit von 130 Jahren zurückliegen? Doch immer noch lese ich solche Bücher wie Offenbarungen. Ich glaube, daß die Literatur, wenn sie ihren intimsten Absichten gerecht wird, den Leser in eine außerordentlich aufmerksame, in eine wesentliche Kommunikation mit der Welt und mit sich verstrickt. Die Literatur ist eine magische Kommunikation über die vorübergehende magische Kommunikation, die das Dasein in dieser Welt uns abverlangt. Nicht mehr und nicht weniger.

Daß Literatur nichts als Kommunikation ist, eine bestimmte autonome Weise der Weltvermittlung, das hat zuletzt Jean-Paul Sartre in »Was ist Literatur?« behauptet. Und das erklärt vielleicht, warum man dieses Buch systematisch und schier zwanghaft mißverstanden hat. Bis heute will man unter »engagierter Literatur« vor allem ein Bekenntnis zur politisierten Literatur verstehen, obwohl Sartre auf 180 Seiten das ganze Gegenteil erklärt und nie eine Zeile dieser sogenannten politisch engagierten Literatur geschrieben hat. Kein Begriff bringt die Branche der Literaturverweser und -produzenten mehr in Verlegenheit als die »Kommunikation«.

Bis schließlich der Andere vorn sich nicht lumpen läßt und eine Antwort gibt, die er nicht hat, ohne die er aber nun nicht mehr vollständig wäre, auf die Frage, die deshalb so fern und unangreifbar geblieben ist, weil der Fragende sie nicht hatte. **Schuldt**

Man fürchtet die Drangsal einer »Botschaft«. Mit Recht. Aber warum erklärt dann niemand mal, daß kein Autor schreibt, um nichts zu sagen?

Unsere Kritiker werden nicht müde, die Literatur als eine Mischung aus Reportage und Abhandlung zu behandeln, als würden hier Themen diskutiert: Großstadtroman und Frauenliteratur, sie handeln von Sittenverfall und der Ausbeutung und werden im Klappentext als Liebes-, Historien- oder Familienroman kategorial unterschieden. Eine Literaturwissenschaftlerin hat ausgerechnet, daß im *Literarischen Quartett* ganze 2,9% der bunten Kritikersuada der Erwähnung des Stils, der Form oder der Erzählweise gewidmet waren – stets wichtiger waren das »Thema« und der Plot. Es stimmt, Gustave Flaubert hat seinen Roman »Madame Bovary« mit dem Untertitel »Sitten der Provinz« versehen, aber kein Mensch hat ihn deshalb als sittliches Bulletin einer speziellen Lebensform gelesen.

Bei der Lektüre eines Romans macht der Leser die Erfahrung einer tiefen und bewegenden Kommunikation, und wahrscheinlich nur dank dieser Erfahrung wird die Literatur das Ungeschick ihrer Vermittler überleben. Doch kaum hat der Leser das Buch zugeschlagen, findet er dieses Erlebnis nicht wieder. Eben noch war ihm völlig einleuchtend, daß ein kaputter Aschenbecher eine Lebenswende auslösen konnte, ja mußte – doch betrübt entdeckt er in seiner Umgebung nichts ähnlich Bewegendes. Als sei die literarische Kommunikation ein Mysterium, das man am besten im Séparée der Welt zelebriert, um dann zu den Imperativen der Realität zurückzukehren. Andere zieht es vielleicht in die Dichterlesungen – als ließe sich hier jene kommunikative Erfahrung im Lichte der real existierenden Öffentlichkeit realiter »realisieren«. Aber in der Regel kommt hier nur eine schale Mystifikation zur Aufführung: der Auftritt des Dichters und die laue Teilhabe an der Aura der Kunst.

Ein Autor hat nichts zu sagen, er hat etwas zu schreiben. **Peter Handke**

Im obligatorischen Anschlußgespräch wird sich der Moderator die diffusen Erwartungen des Publikums zu eigen machen und den Schriftsteller nach seiner Botschaft fragen. Aber der Autor hat alles durch Erzählung gesagt. Es gibt kein »abstract«, keine Sinnsynthese, keine moralische Stellungnahme. Wenn der Autor geschickt ist und das Spiel beherrscht, wird er sich etwas dieser Art zurechtlegen: Sein Buch sei ein Großstadtroman, der vom Berlin in der Zeit

nach der Wende erzählt. Daraus ergibt sich dann die Frage, inwieweit das denn alles autobiographisch erlebt sei, und wo die Stärken und Schwächen des neuen Berlin liegen. Und schon stecken wir in einer beliebigen Plauderei, die sich dadurch auszeichnet, daß in ihr garantiert nicht von Literatur die Rede ist.

Schriftsteller sind im Grunde feige: Sie haben Angst vor den großen und ungenauen Erwartungen des Publikums. Sie fürchten, im persönlichen Gespräch nicht mehr die Tiefe der literarischen Kommunikation zu erreichen. Aus Unsicherheit nehmen sie ihr Publikum nicht ernst und betrachten ihre Leser als Käufer einer von ihnen produzierten Ware, mit der sie gefälligst alleine zurechtkommen sollen. Sie verschanzen sich hinter den Unaussprechlichkeiten der Kunst. Dutzendfach habe ich bei Lesungen und den anschließenden Gesprächen erlebt, wie die Literatur nicht vorkam. Ich schlage deshalb vor, wir sollten am gegebenen Beispiel lieber versuchen, die »Unaussprechlichkeiten« der Literatur ins Visier zu nehmen.

Man könnte z. B. mal den Dichter nach der Lesung fragen, warum sein Roman denn ein »Großstadtroman« sei, ein »Berlin-nach-der-Wende-Roman«? Schließlich gibt es in seinem Werk nicht einmal Straßennamen, seine Helden trei-

Vortragskunst und Schauspielkunst sind zweierlei, und nicht jeder Künstler, der auf den Brettern seinen Mann steht, besteht mit Glück die scharfe Probe, im Plaudersessel des Conferenciers, wo er losgelöst von dem illusionsfördernden Drum und Dran einer unwirklichen Umgebung, lediglich auf die Ausdrucksmittel seiner Sprache angewiesen ist. In dieser besonderen Auf-

ben sich hauptsächlich in Frittenbuden rum – und wo bitte bleibt das neue Regierungsviertel? Und der Autor meiner Phantasie antwortete: Entweder ist Berlin nur ein Name für ein begrenztes Stadtgebiet mit soundsovielen Einwohnern, die sich statistisch ziemlich differenziert erfassen lassen, Berlin ist weiterhin seit wenigen Jahren Hauptstadt der Bundesrepublik und insofern im Zentrum der Vereinigungsproblematik, abgesehen von anderen historischen Bedingungen und spezifischen Problemen. Oder aber Berlin ist ein Erfahrungsraum, der sich nicht durch Sachthemen beschreiben läßt. Insofern ist das Berlin, von dem ein Schriftsteller sprechen kann, überall oder nirgends. Also in der Frittenbude ohne Bezirksbestimmung genauso wie in der renovierten Mitte. Es ist in der Weise, wie sich das Licht bricht und wie wir die Trockenheit der Luft als Klärung erleben. Doch wer etwas Genaueres über Berlin wissen will, dem empfehle ich folgende Abhandlung ...

Ein guter Leser im Publikum wird angesichts dieser Erläuterung vielleicht aufhorchen. Denn er spürt etwas von dieser merkwürdigen Erregung, mit der er die Typen aus der Frittenbude emphatisch in seiner Vorstellung errichtet hat – als seien sie die Träger eines Geheimnisses. Dem guten Autor unserer Phantasie hingegen ist es vielleicht bereits etwas mulmig geworden, denn er hat schon weit mehr gesagt, als bei solchen Gelegenheiten gesagt wird. Und es klang so, als schwimme die Literatur: Macht sie Berlin nicht unbegreiflicher als erlaubt? An dieser Stelle wird der gute Moderator nachhaken: Warum der geschätzte Autor denn dann nicht einfach seine persönlichen Erlebnisse in Berlin – und seien es die Erlebnisse in Frittenstuben – festgehalten habe? Und der gute Autor könnte dann etwa erklären: Ein Roman ent-

gabe, die hier Sprechkunst und Gedankenarbeit des Vortragenden gestellt wird, liegt jedoch ein verständlicher Reiz: in der Beschränkung der Ausdrucksmöglichkeiten liegt zugleich die Möglichkeit der Vertiefung.
Programmzettel zu einem Vortragsabend **Richard Blümners**

hält nicht die subjektive Stellungnahme seines Autors. Warum sollte ich denn fünf Figuren erfinden, um meine Meinung auszudrücken? Natürlich sind alle diese Figuren von mir Buchstabe für Buchstabe gemacht. Wenn aber Flaubert über seine Romanheldin gesagt hat: »Madame Bovary – das bin ich!«, dann hat er genau das ausgedrückt: Madame Bovary entstammt bis in die intimste Regung Flauberts Phantasie, aber, wie jeder weiß, war Gustave Flaubert nicht die liebestraurige Gattin eines französischen Landarztes. Und so habe ich keinen Roman über Berlin geschrieben, sondern ich gebe dem Leser Berlin zu spüren. Und wenn ich wie Knut Hamsun einen Roman schriebe, in dem der »Hunger« eine wichtige Rolle spielt, dann will ich dem Leser den Hunger zu spüren geben: als eine Misere, als eine Leidenschaft, ein Delirium, eine Existenzweise. Niemand braucht einen Roman über den Hunger, um anschließend den Hunger besser verurteilen zu können. Im Gegenteil, Hamsuns »Hunger«-Roman verleiht dem Hunger eine vieldeutige Qualität, die das Auftreten der Barmherzigkeit eher erschwert.

Andererseits wird jemand, der nach Nigeria fliegt, nichts vom nigerianischen Leben ahnen, wenn er nicht zuvor Wole Soyinka, Ben Okri oder Chinua Achebe gelesen hat. Kein Reiseführer und keine Sozialstudie kann ihn in die Apokalypsen des nigerianischen Alltags einweihen. Umgekehrt aber werden wir auch die Romane dieser Autoren nicht in Gebrauchsanweisungen zum Verständnis »der nigerianischen Mentalität« übersetzen können. Ein Roman, dem wir uns hingegeben haben, ist eine hinterhältige Angelegenheit. Die Geschichte, die er erzählt, lebt nur davon, daß der Leser die Zeichen, die der Autor vorgibt, mit seinem Atem neu erzeugt. Und wenn wir mit einem Helden von Ben Okri, sagen wir einem einbeinigen Obdachlosen, eine Müllhalde in Lagos erklommen haben, dann waren wir da oben, und wir kommen nicht so leicht wieder runter.

Außen lesen und innen begreifen. **Augustinus**

Selbstlos, wie der gute Moderator nun mal ist, schlägt er sich jetzt ganz auf die Seite des Teufels und fragt mit argloser Miene: Schön, ich verstehe, was Sie mit dem Beispiel der nigerianischen Autoren sagen wollen. Allerdings frage ich mich jetzt, ob Sie vielleicht einen Berlin-Roman für Nigerianer geschrieben haben. Denn wenn ich ganz ehrlich sein darf, entdecke ich in Ihrem Buch nicht sonderlich viel Berlin. Von mir aus könnte die Geschichte auch in Karlsruhe spielen. Da fände ich sie genauso gut. Und siehe da, der Moderator hatte wahrlich den richtigen Punkt getroffen. Denn nunmehr gerät der gute Autor in Fahrt, er wird vielleicht etwas ungerecht, aber immerhin auch leidenschaftlich, wenn er den Moderator anfährt: Mein Gott, lassen Sie mich doch endlich mit Ihrem scheiß Berlin-Roman in Ruhe. Der Verlag wollte, daß ich das in den Klappentext schreibe, und die Kritiker stürzen sich begeistert darauf, weil sie dann so tun können, als wäre mein Buch Teil der neuen Hauptstadt-Debatte. Was für ein Quatsch! Ich kann Ihnen aber genau erklären, warum die Branche so funktioniert. In Wahrheit ist die Literatur doch ein total marginales Geschäft. Der Roman, um den die Kritik so viel Wind macht, der verkauft sich doch gerade 3000mal. Und wir wissen ja auch, wieviel Interesse für die »gute« Literatur sonst besteht. Die Literaturbeilagen von Telefonbuchstärke gibt es doch nur wegen der Verlagsanzeigen, und die Kritiken sind die redaktionelle Gratiszugabe zur Anzeige. Die Anzeigen wiederum gibt es nur, weil Bücher viel zu teuer sind. Und trotzdem liefe das Ganze nicht ohne gewaltige staatliche Alimentationen und private mäzenatische Förderung. Jeder, der seine Geschäfte tarnen will, spendiert was für die Kunst. Als wir die umfangreichsten Investitionen aller Zeiten für Kunst und Kultur hatten, regierte uns gleichzeitig ein Bundeskanzler, der kaum

Die scholastische lectio unterscheidet dabei drei Ebenen der Interpretation des Gelesenen. Zunächst wird der Text nach den Buchstaben (littera) ausgelegt, d.h., Wörter und Sätze werden gemäß formaler Kriterien expliziert. Die zweite Ebene bildet die Darlegung des Sinnes (sensus), wobei

einen Satz korrekt vom Blatt ablesen konnte. Niemand konnte darin einen Widerspruch entdecken, schließlich könnte Daimler-Chrysler ja auch eine Adorno-Edition spendieren, und die Sparkasse baut ein Käthe-Kollwitz-Museum. Unter diesen Umständen will niemand so genau erkunden, was die Kunst denn zum Geistesleben beitragen kann – außer Vorlagen für gefälschte Aufregungen.

Jetzt aber zurück zum sogenannten Berlin-Roman. Natürlich habe ich keinen Roman geschrieben, um Berlin zu erzählen. Ich sage es noch einmal – und es ist immer dieselbe Geschichte: Proust wollte nicht das Innenleben abgeschmackter Prinzessinnen erforschen und seine »Recherche« interessiert mich bestimmt nicht als Genrebild der Noblesse am Vorabend ihres Verschwindens. Die Literatur erzählt immer nur von einem: dem Fließgeräusch des Lebens – und zwar unter bestimmten lokalen, historischen, sozialen Umständen. Und man kann dann so tun, als seien diese Umstände das Thema – also Berlin-Roman oder Familien-Roman. Aber das ist nicht der Punkt.

Sartre hat einmal gesagt: »Entweder ist die Literatur alles oder sie ist unerheblich.« Im Moment möchte da lieber niemand drüber nachdenken – aus Angst vor der Antwort. Doch Sartre hat die Alternative gar nicht entschieden, er hat sie offengelassen. Stattdessen hat er ziemlich genau erklärt, warum unsere Gesellschaft gar nicht in der Lage ist, sich ihre Wirklichkeit zu erzählen. In unserer Kultur ist die Kommunikation verdinglicht als Information, Erkenntnis, Kunst oder Moral. Und diesen Zustand kann die Literatur nur überleben, indem sie sich hinter den Mystifikationen ihrer Gönner versteckt – und alle Hoffnung auf die Flaschenpost setzt.

Es ist nicht überliefert, wie der Abend zu Ende ging.

auch alte Worte durch geläufige paraphrasiert oder übersetzt werden. Erst die dritte Ebene arbeitet den tieferen Sinn und die Lehre (sententia) heraus. **Matthias Bickenbach**

Wenn jede Lesung eine solche Frage hätte

Ein Gespräch mit Judith Hermann über das Gespräch mit dem Publikum

THOMAS BÖHM: *Du machst dieses Jahr 100 Lesungen, mal in kleineren Räumen, oft aber auch in Theatern mit 500, 600 Besuchern. Und überall gibt es Publikumsgespräche.*

JUDITH HERMANN: Ich werde nach den biographischen Elementen in meinen Texten gefragt und danach, wie eine Geschichte entsteht. Ich antworte darauf, daß der Anfang einer Geschichte immer ein Satz ist, den ich höre, der zu mir oder jemand anderem gesagt wird. Manchmal ist der Ausgangspunkt ein Augenblick, aus dem heraus der Wunsch entsteht, eine Geschichte um diesen Moment zu schreiben.

Es gab eine Lesung – ich weiß gar nicht mehr, wo das war, es war klein, nicht allzu viele Besucher – da passierte, was immer passiert: Jemand fragte, was denn in der Geschichte, die ich gerade gelesen hatte, dieser Ausgangssatz sei. Ich antwortete, daß ich den nicht verraten wolle. Daraufhin hat jemand im Publikum gesagt: »Wir würden ihn gern raten. Und wenn wir ihn erraten, sagst du dann, ob es der richtige ist?« Ich habe zugestimmt.

Es war daraufhin ziemlich lange still, alle haben nachgedacht und dann einen Satz gesagt. In einer umgekehrten Logik war das immer der Satz für den jeweiligen Leser; sie haben nicht an mich gedacht, sondern sich gefragt, was ist der Kernsatz, in dem die Geschichte aufleuchtet. Aber sie haben ihn nicht erraten. Ganz am Schluß kündigte eine Frau an, daß sie mit hundertprozentiger Sicherheit wüßte, daß »ihr« Satz *der* Satz sei. Sie war sehr überzeugend, auch in ihrer ganzen Haltung, und dann sagte sie den Satz – es ging um die Geschichte »Sonja« aus *Sommerhaus, später* –: »Sie ging, und sie sah von hinten aus wie ein kleiner roter Stock.« Später habe ich mich manchmal darüber geärgert, daß ich zu dieser Frau nicht gesagt habe: »Genau.« Es war nicht mein Satz. Aber das Glück, das sie ausstrahlte, als sie diesen Satz sagte ... später, zu Hause, war ich sehr froh über diese Lesung, weil jeder in dieser Geschichte seinen Satz hatte und ich meinen trotzdem für mich behalten durfte, mein Geheimnis gewahrt geblieben ist. Ich dachte, daß das der größtmögliche

Kontakt ist, den man schließen kann in diesen zwei Stunden.

Das heißt, du möchtest eigentlich, daß die Leute etwas sagen, anstatt dich etwas zu fragen.

Das kann ich beinahe für jede Frage sagen, die mir gestellt wird. Selbst ganz banale wie: »Was sind Ihre Lieblingsautoren?« Da möchte ich am liebsten fragen: »Was sind denn Ihre?«

Dieses Zurückgeben der Fragen würde mich besonders bei den Gefühlen interessieren, die meine Geschichten auslösen. Ich möchte dann, wenn ich gefragt werde, zurückfragen: »Warum empfinden Sie die Geschichten als traurig? Was ist Ihre Vorstellung von Glück? Glauben Sie an die Liebe, oder tun Sie es nicht?«

Es gibt auch Fragen aus dem Publikum, die zu schönen Momenten führen. Bei einer Lesung in der Schweiz stellte mir eine vielleicht 80 Jahre alte Frau, die vital und einnehmend war, eine solche Frage. Sie meldete sich und sagte in ihrem schönen Schweizerdeutsch und sehr langsam den Satz: »Glauben Sie denn nicht an die Kraft der Zuneigung?« Wenn jede Lesung eine solche Frage hätte, in der alles drin ist, das wäre gut.

Die Fragen, die dir gestellt werden, sind scheinbar die, die deine Texte aufwerfen.

Ab 50 Besuchern stellen nur noch die Verrückten Fragen. **Umberto Eco**

Das liegt sicher auch am Wesen der Erzählung. Eine Erzählung ist ein Text mit einem offenen Ende. Im Gegensatz zu einem Roman, der einen Bogen schlägt, sich verdichtet, endet. Die Erzählung steigt an, kommt zu einem offenen Schluß. Das scheint viele Leser zu überfordern.

Ich lese so gerne Erzählungen, weil ich dieses offene Ende und die Überforderung und die Ratlosigkeit mag und mich die Figuren noch begleiten können, weil ich weiter über sie nachdenken kann. Aber viele mögen vielleicht nicht, daß sie dieses Unbegrenzte begrenzen müssen.

Die Besucher reflektieren nicht, daß du die meisten Fragen wie: »Was sind Ihre Lieblingsbücher?« auf einer Lesereise hundertmal zu hören bekommst.

Daß es ihnen nicht bewußt ist, finde ich aber auch gut. Und ich lasse es niemanden spüren, daß er oder sie verantwortlich dafür ist, daß jetzt zum hundertsten Mal diese Frage gestellt wird. Das fände ich ungerecht. Und ich mag auch, daß die Leute aus einem selbstverständlichen Egozentrismus heraus denken, ihre Frage hätte eine absolute, einmalige Gültigkeit.

Das gilt für die Standardfragen. Es gibt aber viele Fragen, bei denen die Leute etwas sehr Privates von dir wissen wollen.

Der größte Teil der Fragen geht in diese Richtung. Sie werden entweder unreflektiert gestellt oder nach dem Motto »Versuchen kann man es ja«. Neulich war ich fassungslos; als ich »Ruth« aus *Nichts als Gespenster* gelesen hatte, kam danach sofort die Frage: »Haben Sie diese Geschichte erlebt?« Dazu muß man wissen: »Ruth« handelt von einem krassen Verrat zwischen zwei Freundinnen. Ich war kurz gereizt, weil die Frage ja auch eine Unterstellung beinhaltet. Aber die Fragestellerin schien naiv zu sein, oder fassungslos, oder überwältigt von dem, was sie gehört hatte und wollte sich vergewissern: ist das Realität oder Fiktion? Ich habe darauf natürlich nicht geantwortet.

Wenn du aber nicht antwortest, kann dich das Publikum doch ganz leicht dazu bringen, etwas von dir preiszugeben. Indem jemand fragt: »Warum wollen Sie nicht auf diese Frage antworten?«

Dieses »Warum?« höre ich oft. Ich antworte immer mit einer Anekdote. Ich saß in der Werkstatt des Literarischen Colloquiums Berlin und habe den zehn anderen Stipendiaten, die mit mir im Kurs waren, und den Lehrern Katja Lange-Müller und Burkhard Spinnen meine Geschichte »Rote Korallen« vorgelesen. Ich wurde gefragt, ob ich tatsächlich ein rotes Korallenarmband besessen und eine Großmutter in Rußland hätte und in Therapie gewesen wäre. Ich fing an, ehrlich zu antworten, als Katja Lange-Müller aufstand, mir ins Wort fiel und sagte, das solle ich niemals tun, weil man damit das ganze Geheimnis der Geschichte verrät. Sie hatte recht. Im Nachhinein habe ich aber oft darüber nachgedacht, wie kurz dieser eigentlich schöne Moment gewesen ist. Wie unschuldig und wie abrupt beendet.

Es wäre ein kindliches Vergnügen zu verraten: »So habe ich es gemacht ...« Es gibt auch das leise Bedürfnis, es zu verraten, es zu sagen. Das hat etwas mit Eitelkeit zu tun. Aber man muß es zurückhalten.

Die Situation nach der Lesung kann man ja nicht als »Gespräch« bezeichnen. Du sitzt allein 600 Besuchern gegenüber und mußt unzusammenhängende Fragen beantworten. Wir hatten in Köln versucht, ein bißchen Struktur ins Gespräch zu bringen, indem wir das Publikum baten, ihre Fragen auf Zettel zu schreiben. Was dich aber irritierte, weil du so nicht mehr den Fragesteller ausmachen konntest.

Dem Fragen gehört wesenhaft Obszönität zu. **Aron Ronald Bodenheimer**

Viele Fragen wurden damals nur gestellt, weil diese Zettel eine Anonymität geboten haben. Für mich wurde es dadurch aber auch schwieriger. Weil die Fragen aus dem Off kamen, aus einem körperlosen Raum. Eine Frage wie »Glauben Sie denn nicht an die Kraft der Zuneigung?«, ob mir die von einer Frau, die 80 Jahre alt ist oder einem 32 Jahre alten Typen mit Rollkragenpullover und schwarzer Brille gestellt wird – das macht einen entscheidenden Unterschied aus. Es ist letztlich sogar eine vollkommen andere Frage. Und es gäbe darauf jeweils eine andere Antwort. Bei der Frau fühlte ich Respekt und war auf eine seltsame Art beschämt und gerührt. Ich orientiere mich an der Person des Fragenden vielleicht noch mehr als an dem Inhalt der Frage.

Es ist selten, daß du auf der Bühne über Fragen nachdenken mußt. Letztlich wäre das auch ein Zeichen, daß da irgendwas erwischt worden ist. Eher etwas Persönliches als ein literarischer Zusammenhang.

Bei der Dame damals habe ich lange nachgedacht. Und dann geantwortet, daß wenn ich an irgend etwas glauben würde, es die Kraft der Zuneigung wäre. Aber dieses Nachdenken, dieses Schweigen vor Publikum muß man aushalten. Gestern fragte mich die Moderatorin bei einer Lesung: »Liebe und Einsamkeit – gehört das für Sie unabdingbar zusammen?« Ich habe Luft geholt – der Saal war übervoll –, ich hatte einen richtigen Blackout. Die Pause wurde immer länger. Um sie zu füllen, habe ich gesagt: »Nein.«

Frage: Was verstehen Sie unter literarischem Geschwätz?
Antwort: Kongresse über Literatur im Atomzeitalter. Podiumsgespräche über gegenständliche oder abstrakte Kunst und dergleichen mehr. Auch dies Interview gehört dazu, wenn wir nicht sehr aufpassen. Das alles ist nackter Betrug.
Frage: Wieso Betrug?
Antwort: Unten im Saal sitzen ein paar hundert junge Menschen und warten mit offenem Munde auf eine Offenbarung. Statt dessen bekommen

Das ist aber tatsächlich eine Frage von riesigen Ausmaßen und völlig abstrakt. Eine Frage, mit der man sich ja auch selbst kaum je ausführlich befaßt. Das scheint doch gewollt »interessant« zu sein, wie man es häufig, gerade bei Moderatoren erlebt.

Ich habe mich oft gefragt: Was mag ich eigentlich lieber? Das moderierte literarische Gespräch vor einer Wand von Zuschauern, bei dem ich hoffen muß, daß der Moderator Fragen stellt, die das Publikum interessieren, oder umgekehrt: allein den privaten Fragen der Zuschauer ausgesetzt zu sein? Es gab Lesungen, bei denen mich die Buchhändler vollkommen allein gelassen haben. Dann ist die Lesung vorbei, und man hat vorher erklärt, daß man bereit wäre, Fragen zu beantworten. Es gab vier, fünf Veranstaltungen, bei denen ein Schweigen eintrat, nichts passierte. Im nachhinein habe ich das sehr gemocht. Man springt ins kalte Wasser, sagt: »Es ist komisch, diese Situation, aber ich kann das einigermaßen aushalten und vielleicht können Sie das auch aushalten und wir können gern noch fünf Minuten schweigen und dann fragen Sie einfach etwas.« Und das stellt dann eine Verbindung her. Wenn ich mich also entscheiden müßte, würde ich wahrscheinlich das Gespräch mit dem Publikum vorziehen.

sie kluge Worte zu hören. Wenn das kein Betrug ist! Niemand hat daran gezweifelt, daß die Leute auf dem Podium eine kluge Theorie haben, deshalb sitzen sie ja da oben, aber was hat das mit Kunst zu tun? Man geht ganz verwirrt aus dem Saal. Kein Wunder, daß einige sich dem Trunk ergeben.
Hans Erich Nossack in einem fiktiven Selbstgespräch

Richard Powers

Schreiben und Unterschreiben

Ich signiere meine Bücher nicht. Ich habe noch nie eines signiert, nicht einmal für meine Mutter (auch wenn sie mich, um ehrlich zu sein, nie darum gebeten hat). Die Entscheidung habe ich 1985 gefällt, als mein erster Roman *Three Farmers on Their Way to a Dance* erschien; damals war ich 27. Das Buch war eine Meditation über ein berühmtes, 1914 aufgenommenes Foto von August Sander, und es ging darin um Fragen der Authentizität, des Werts, der Einmaligkeit und der Aura in einer Epoche, die Walter Benjamin das »Zeitalter der technischen Reproduzierbarkeit« nennt. Mein Roman erzählt die Geschichte dieses Bildes aus drei verschiedenen Blickwinkeln, entsprechend dem asynchronen Trio aus Fotograf, Abgebildetem und Betrachter, das bei jeder Auseinandersetzung mit einer Fotografie zusammenkommt. Die drei Ebenen bringen eine Art Detektivgeschichte in Gang – die Suche nach dem »originalen, authentischen, definitiven Abzug« des Bildes. Die drei Geschichten verbinden sich zu etwas wie einer Quintessenz unserer Zeit: Wenn das Maschinenzeitalter von allem und jedem millionenfach identische Exemplare produzieren kann, ist das »echte« Exemplar dasjenige, das man selbst – als Betrachter, der darüber nachdenkt – dazu macht, indem man sich damit beschäftigt, damit auseinandersetzt, es weiterdenkt. Bei einem Werk mit einer solchen Grundaussage schien es mir absurd, die Aussage auf den Kopf zu stellen und ein paar wenige »limitierte, autorisierte« Exemplare zu schaffen, indem ich sie signierte und damit zugestand, daß diese Exemplare des Buchs eine besondere Aura hatten, weil sie die Unterschrift des Autors trugen. Autogrammjägern antworte ich seither stets, daß sie mir, wenn sie etwas Persönliches wollen, etwas, das über den Text hinausgeht, einen Brief schreiben sollen, und verspreche ihnen Antwort. Manche reagieren auf dieses Angebot mit sichtlicher Enttäuschung, weil ich ihnen etwas verwehre, das sie schwarz auf weiß für ihre Sammlung mit nach Hause nehmen können – und dann frage ich mich, ob manchen Leuten nicht das Zeichen des Einzigartigen wichtiger ist als das Einzigartige selbst!

Ich signiere keine Bücher, aber manchmal lese ich in öffentlichen Veranstaltungen daraus. Für einen Romanschriftsteller ist eine solche Lesung im besten Falle eine gelungene Transposition, denn sie ist weder das Buch selbst noch eine überzeugende Dramafassung, sondern nur ein Häppchen von vielleicht drei Prozent des Werkes, vorgetragen von jemandem, der von Berufs wegen ganze Jahre in einer Einzelzelle zubringt. Wenn ich am Rednerpult stehe und einen vierseitigen Auszug, beginnend auf Seite 240, lesen soll, dann muß ich immer an eine Stelle bei Jonathan Swift denken: »Ich kenne einen Mann, der wollte sein Haus verkaufen«, heißt es dort, »und so hatte er davon immer einen Ziegelstein dabei, damit er ein Muster zeigen konnte.« Und da in den Räumen, in denen ich lese, ja immer ein Gutteil Leute ist, die ein Muster von der Aura des Autors wollen – und später ein Souvenir in Form einer Unterschrift –, wird mir die Sache nur noch unangenehmer. Das Lesen ist in unserem Zeitalter der allgegenwärtigen Kommunikation die letzte Möglichkeit (ausgenommen vielleicht das Gebet), wirklich allein zu sein. Warum sind all diese Leute zusammengekommen, um sich ein Stück Prosa schlecht vorlesen zu lassen, wo sie es doch auch selbst lesen und hin- und herblättern könn-

Habe ich wirklich nichts im Gedächtnis behalten als die Grausamkeiten des Publikums, das mich einmal, als ich, einer Nervenentzündung im rechten Arm wegen, nicht signieren wollte, zwang, doch zu signieren, sich in der kalten Zugluft der Vorhalle gegen den ohnehin wackligen Tisch warf, eben noch dankbare, ja ergriffene Zuhörer, aber jetzt unerbittlich; aufzustehen und wegzugehen, ich hätte es nicht gewagt. **Marie Luise Kaschnitz**

ten, wann immer sie wollen? Ich selbst meide öffentliche Lesungen, gerade Lesungen von Autoren, die ich bewundere, denn das Bild, das ich von diesen Menschen und ihrer Arbeit habe, kann in der Regel nur Schaden nehmen, wenn ich ihnen zu nahe komme.

Und doch – wenn ich zu einer Lesung gehe, wenn ich selbst lese, wenn jemand mich bittet, ihm eine Widmung in ein Exemplar des Buches zu schreiben, dann spüre ich die Sehnsucht dahinter, die Sehnsucht des einsamen Lesers, dem persönlichen Akt des Lesens ein wenig Gemeinsamkeit zu geben. Es ist der Drang, der uns überhaupt zum Lesen bringt: Zu hören, wie die Geschichte der Welt sich anhört, wenn ein anderer sie erzählt. Ob Aura oder Banalität, ob Bestätigung oder Überraschung, Befriedigung oder Enttäuschung: Wir begegnen einem anderen schöpferischen Ich und damit einer Geschichte, auf die wir selbst keinen Einfluß haben. Und das muß doch, alles in allem, eine gute Sache sein. Das unterschreibe ich.

Aus dem Amerikanischen übersetzt von Manfred Allié

Eines Tages wird man ein unsigniertes Buch von William Golding finden, und es wird ein Vermögen wert sein. **William Golding**

Monika Rinck

Oft geht es eine Treppe hinab, seltener auch eine Treppe herauf

DAS IST der Versuch, Phänomene zu bündeln, die für sich genommen allgemein sind, aus deren Summe sich aber vielleicht doch einige Spezifika der Berliner Lesung destillieren lassen.

Der Text ist eine Sammlung von Merkmalen, die fortlaufenden Angaben sind ein virtueller Rundgang durch eine Handvoll Szenen – mit aller Willkür, die dem Beispielhaften gerne anhängt.

Trendy Zwischennutzung

Die Lesung ist genaugenommen und jenseits ihrer Säulenheiligen eine recht billige Kulturtechnik. Die Berliner Lesung wird begünstigt durch alle Formen der Berliner Ökonomie: Zeitverlust, Verschwendung, Heilserwartung, Mangelwirtschaft.

Das Gespenst der Gentrifizierung geht zwar umher, aber sein Radius bleibt begrenzt. Da, wo die Gentrifizierung nicht mehr weiter kann, überlebt wie eine Utopie die dumpfe Klitsche, die keiner haben will und die der literarischen Szene zum *topos* werden kann. Es gibt die verkapselten Idyllen eines dahingerafften Mittelstandes, der seine Ladenlokale räumen mußte, die dann – von der anderen Seite des Ladenschlusses aus – der Berlin-Kultur übereignet werden. »Komm, wir lassen alles drin und nennen es den Metzgerclub, den CopyClub, Blumenladen oder Sonnenstudio.«

Angesichts des hohen Leerstandes von Büroflächen lassen sich die Marketing-Leiter großer Immobilienfirmen gerne mal zu einer Kooperation in Sachen »trendy Zwischennutzung« überreden. Wertsteigerung durch kulturelle Bespielung heißt das Versprechen, Win-Win-Situation die verrechnete Gleichung. Die zwölfte Etage des gläsernen Büroturms in der Oberbaumcity wurde so zum befristeten Domizil von Lesebühnen. Was für eine spektakuläre Aussicht auf den regen Zugverkehr am Ostbahnhof bot sich dem Publikum. »Drehen Sie sich um, wir sind nur das Hörspiel in Ihrem Rücken. Schauen Sie nicht uns an, schauen Sie den Nachtzügen nach.« Und das Publikum drehte die Liegestühle in Richtung Vollverglasung und verhielt sich still und selig.

Die halbe Miete

Die Berliner Lesung: Sie fängt später an, dauert lange, geht danach in etwas anderes über, was manchmal den Namen Tanz verdient hat und manchmal nicht. Sie hat mit den niedrigen Berliner Mieten mindestens ebensoviel zu tun wie mit den drei Universitäten und sonstwas.

»Freunde, haltet aus mit mir – was ihr könnt, weil ihr so wenig Miete zahlt.« Und weswegen auch nicht mehrere Mc-Jobs zur bloßen Subsistenzsicherung koordiniert werden müssen – weswegen die, die lesen, eigentlich auch nicht wirklich eine Gage brauchen, nimmt man gerne an.

Nebenbei bemerkt: Natürlich bewegen wir uns hier am unteren Rand des Erfolgsspektrums, weil es um Berliner Signifikanzen geht, die noch zu bestimmen sind. Ob ein Grass in Berlin liest oder in München, macht keinen großen Unterschied – außer, daß es in München nicht mein Fahrradweg wäre, der zugeparkt wird, sondern ein anderer. Man darf festhalten: Es ist selten, daß eine Berliner Lesung sich für die beteiligten Autoren und Autorinnen in finanzieller Hinsicht lohnt. Vielfach besteht die Gage aus schlechtem Rotwein für lau, was einerseits den Vorteil hat, daß man sich die Gage im Laufe des Abends eigenmächtig immer weiter heraufsetzen

Berliner Lesungsszenen (Tour de force mit Monika Rinck):

Reformbühne Heim und Welt

Gutes Handwerk. Große Tradition.

www.reformbuehne.de

kann und andererseits den Nachteil, daß man den kompletten kommenden Tag gleich mit auf der Verlustseite notieren kann. Oder man ist Teil einer Gruppe und teilt am Ende das Eintrittsgeld – eine dürre Beute –, und wenn man Glück hat, reicht es für das Taxi, das man in jedem Fall braucht. Vor allem zur Wiederherstellung der Selbstachtung, nachdem man eigenhändig die Kippen des Publikums zusammengefegt hat. Daß aber auch AutorInnen, die bereits im Feuilleton angekommen sind, zu dem ein oder anderen Auftritt unter den Bedingungen des Mangels bereit sind, ist zumindest bemerkenswert. Ob es berlin-typisch ist? Weiß ich nicht.

Around-Sein

Auffällig ist die Lesungsdichte. Auch jenseits des Festivalsommers, dessen programmliche Anstrengungen dem (euphemistisch gesprochen) in sich stabilen Berliner Blick manchmal wie der Auftritt eines großen Gaststars in einer TV-Serie vorzukommen scheinen: irgendwie deplaziert und im Grunde auch unnötig.

Das stete Überangebot verdankt sich freilich den drei großen Häusern (Literaturhaus, literaturWERKstatt und Literarisches Colloquium Berlin), aber auch der erstaunlichen Umtriebigkeit von nicht-institutionalisierten Teams, wie das kook-label oder Lauter-Niemand es sind. Das Stichwort hier lautet, so outdated es auch klingen mag: Selbstausbeutung. Es handelt sich um bewegliche Gemeinschaften, um nomadisierende Soziotope, zu Gast in den Hinterzimmern dieser Stadt. Freilich spielen E-Mail-Verteiler, groß wie Kathedralen, von denen aus die Einladungen über die Mailboxen dieser Welt verteilt werden, eine grundsätzliche Rolle.

»Hier habe ich auch mal gelesen …« – so sind die Fähnchen über die Mental Map von Berlin verteilt. Es ist eine stabile Szene – insbesondere was die Lyrik angeht, die zudem noch

Club Der Polnischen Versager
Schöne Stickdecken, No-nonsense-Bühne plus Tristesse.
www.polnischeversager.de

über diverse private »Werkstätten« (Kränzchen oder Räte, je nach Perspektive) miteinander verbunden ist.

Befördert wird die Möglichkeit, täglich auf mehr Lesungen gehen zu können, als man Finger an der Hand hat, außerdem durch das enge Netzwerk der Lesebühnen, die eine neue Regelmäßigkeit hervorgebracht haben. Ein gewisser Hang des Berliner Publikums, sich über alles Mögliche zu amüsieren, tut ein übriges. Lesebühnen leben von Episodenbildung, Selbstreferentialität, von Verclusterung, von Musik- und zuweilen auch Körpereinsatz. Ihr Name ist Legion, und viele sind freundschaftlich miteinander verknüpft: crosslinked im Kantinenlesen. Es gibt Pausen und Getränke und Charmantes.

Die Bindung zwischen Publikum und Lesenden wird sowohl gefestigt als auch überwunden durch die noch verbliebenen Offenen Lesebühnen. Zu unterscheiden sind solche ohne und solche mit nachträglicher Diskussion. Hierzu gehören auch spielerisch konkurrente Formen wie die Lyrikspartakiade mit ihrem überaus komplizierten und gestrengen Regelwerk, ihren Buchpreisen und griffigen Urkunden, die aus geblümten Tellersets aus Polyethylen bestanden, und der Slam.

Keine Bücher

Aber für all jene Phänomene gilt, daß sie in gewisser Weise vom klassischen Literaturbetrieb abgekoppelt sind. Will sagen: Es geht in den seltensten Fällen um Bücher. Zuweilen liegen schmale Bände auf dem Tresen, Geheftetes, aber der Büchertisch ist, was er immer ist: Beiwerk, nur ist er diesmal noch weiter weg. Man hat ja schließlich schon Eintritt bezahlt. Da nimmt man eher die ganze Bühne mit und schickt sie auf Tournee. Und bekommt das Buch später im Handel.

Surfpoeten

Lautes und Lautpoetisches, Dramatisches und Beschleunigtes und manchmal hat man Pech, manchmal Glück. Mit Surfmusik.

www.surfpoeten.de

Natürlich: Buchpräsentationen kommen vor, sind aber nicht Zentrum der Berliner Lesung. Allerdings, wenn Buchpremieren vorkommen, sind sie häufig so ungeheuer gut besucht, daß man sich irgendwann ohne Kontakt zu dem Nahestehenden aufzunehmen – selbst mit wie ein Bug vorausgestellten Schultern – gar nicht mehr bewegen kann. Oder sie finden im Affenhaus des Zoologischen Gartens statt, in Parkhäusern oder musealen, trockengelegten Hallenbädern. »Zwangsoriginalität« nennt das ein guter Freund von mir.

Nachdem die allgemeinen Voraussetzungen soweit bestimmt sind, möchte ich Sie auf eine kleine tour de force durch die Berliner Lesungsszenen einladen, entlang folgender Etappenstops: das ehemalige Poetry Café in Meiers Schönem Fleischsalon, das sonntägliche Literaturlabor des Berliner Autoren Netzwerks Lauter Niemand, das LCB-Sommerfest und zuletzt die FAKES.

Meiers Schöner Fleischsalon

Hervorgegangen ist das Poetry Café in Meiers Schönem Fleischsalon aus der Reihe »unsacrale lesungen«, die seit 1994 im Filmrauschpalast in der Kulturfarbik Lehrter Straße stattfand. Die Kulturfabrik Lehrter Straße ist eine jener renovierungsbedürftigen, mehrfach geschichteten soziokulturellen Torten, an denen in Berlin noch immer kein Mangel besteht. Unterirdisch hausen tough guys, Motorradschrauber betreiben den obligatorischen Trashmetal-Musikkeller, genannt »The Slaughterhouse«, darüber breitet sich das Café, das über Jahre hinweg vergeblich gegen sein Batik-Backgammonturnier-Image ankämpfte, und noch eins weiter oben wohnt das Kino »Filmrauschpalast« und darüber wiederum das Theaterdock. Das Ende krönt das Werk.

Nachdem das Kino Filmrauschpalast entschied, ganz und täglich Kino sein zu wollen, entstand in Zusammenarbeit

Theodoras Literatursalon

Vorher in der Sybille, pausiert derzeit. Kommt bestimmt wieder. War nett.

www.theodoras-literatursalon.de

mit dem Theaterdock auf deren Probebühne Meiers Schöner Fleischsalon: immer Mittwochs, eine szenische Lesung unspielbarer Texte und ein Poetry Café im Wechsel, moderiert von Thom Dorow, Claudius Hagemeister und mir. »Mittwoch ist Bergfest«, sagte der Jungdramatiker und Tresenmanager, wenn er die letzten Gäste die Treppe hinunterwarf.

Es waren Gründerjahre auf unendlich gestellt. Kohlen und Gasbrenner mußten in den dritten Stock geschleppt werden, und am Ende war das einzige, was warm war, doch wieder das Bier, wobei: teilweise war es auch gefroren. Radiatoren trieben die Stromrechnung in ungeahnte Höhen und machten auf der nächsten Dachverbandssitzung dem Glauben an Kompromisse, die prinzipiell möglich sind, den Garaus.

Das Konzept war familiär. Es sollte den ganzen Wahnsinn der familiären Halböffentlichkeit bergen, und es war doch besser als das. Manche Abende waren getragen von einer nachgerade prästabilierten Harmonie, ein Menü in fünf und mehr Gängen. Wir wurden zu unseren eigenen Verwandten und das Publikum ebenso, Wahlverwandtschaften eben, in a good way.

Die Statuten sahen vor, daß jeder Teilnehmer neben seinen eigenen Texten einen Fremdtext zu lesen hatte und sich damit in eine Tradition stellte, die er oder sie selbst um sich ausbreitete.

Wir hätten entdeckt werden können, und wurden es nicht. Als sich einmal ein Rundfunkredakteur für uns interessierte, schickten wir ihm unser Manifest mit dem schönen Titel: »Manifest des der für wider zur Beförderung des Vermittlungstransportes geklaut«, und er war hinfort für uns nicht mehr zu erreichen.

Es fanden Poetry Cafés zu den unterschiedlichsten Themen statt: Prachtschafe im Mondschein, Großstadtlyrik, Schwerkraft, Falscher Zeitpunkt (keinkairos) oder auch Nautik. Zum

Theater unterm Dach / Wolkenbügel
Das ein oder andere Festival, sehr schöner Blick vom sommerfrischen Balkon, Lesungen auch jüngerer AutorInnen.

Nautik-Spezial: In dessen Verlauf wurde das Publikum aufgefordert, mehrere hundert Mal das Wort »Focksegel« zu skandieren, da eine vorangegangene Prüfung ergeben hatte, daß mit keinem anderen Wort ein solch intensiver Effekt zu erzielen ist. Eine erfrischende und kühlende Denaturalisierung war die Folge. Das Wort »Focksegel« wurde mit jeder Äußerung opaker, aber da diese Steigerung nicht faßbar war und sich die besondere Qualität der Zunahme an Objekthaftigkeit nicht speichern ließ, blieb nur die Wiederholung – die aber blieb sehr lange. (Auf dem zweiten Platz lag übrigens das Wort: »hochsubventioniert«.) Es war an einem dieser unfaßbar warmen Augusttage, und wir waren alle einsamer nie ... und verlagerten das Poetry Café in den spätromantischen OpenAirHof mit Blick auf Güterbahnhof und marode Industrieanlagen, als würden die 80er Jahre niemals aufhören.

Oder auch ein Café im Mai '96, das folgendermaßen angekündigt wurde: »2. versuch über nonhumanoide logik oder das regime des living teapots. Die logik des sinns ist doch auch nur ein brötchen. Das wissen die dichter, weil man es ihnen gesagt hat.«

Zu diesem Anlaß hatte der freundliche Ingenieur und Werkstofftechniker des Theaterdocks sich die ganze Nacht um die Ohren gehauen, nur weil jemand etwas gesagt hatte wie: »Wäre es nicht toll, wenn wir eine überlebensgroße Teekanne hätten, zum Anziehen?«, und am nächsten Morgen hatten wir sie, zum Reinsteigen und mit integriertem Samowar. Diese Kanne streifte umher und tyrannisierte das Publikum, mindestens so penetrant wie die Haushälterin in der irischen Erfolgsserie »Father Ted«: Want some tea??? Und da uns zudem daran lag, den Quell des Unmöglichen im Einfachen zu enthüllen, hatten wir Butterbrote tausendfach mit Hanfseil verschnürt und die Bierflaschen mit Gaffertape ge-

Kantinenlesen
Alte Kantine in der Kulturbrauerei. Gipfeltreffen der Berliner Lesebühnen. Schnittmengen. Alles von allen.
www.kantinenlesen.de

sichert. Wir machten einfach alles, was uns einfiel, weil die Mieten niedrig waren, weil wir da waren und komisch druff.

Ebenso unvergeßlich der Abend, an dem der kalifornische Duell- und Boxkampfexperte Kevin McAleer als Dr. Surf durch Programm und Brandung führte. Die Gischt schlug zwischen den Zeilen zusammen, ein schmaler Religionswissenschaftler las Großes auf Flämisch, und die Prosa wogte.

Schön war es auch, als unser internationales Stammpublikum begann, sich gegenseitig zu übersetzen. Der katalanische Lyriker Enric Casassas, der unter anderem Lautgedichte von Hugo Ball ins Katalanische übersetzt hatte, pflegte das Ritual, bei jeder Veranstaltung vor sich auf der Bühne Gesamtausgaben, großformatige Bände und Kopien auszubreiten, aus denen er jeweils nur einen einzigen Satz las, zudem in Sprachen, die die wenigsten verstanden. All das ein weiteres Kapitel in seiner Weltgeschichte der Poesie. Der Lyriker Hendrik Jackson widmete ihm ein Gedicht, das er auf russisch schrieb, »weil ich (Hendrik Jackson) da einige schöne seltene Wörter eingebaut habe, die toll klingen (zum beispiel tischajschij gromovershez – leisester Donnerschleuderer, was aber wiederum zu stark wäre im Deutschen), damit Enric einmal so staunend gegenüber einem tiefen unverständlichen Gemurmel steht wie ich ihm gegenüber so oft.« Hier ist es:

enriku cassasasu : Er – der die rollende sprache der berge spricht, / Er – in anlauten beschwörend, / der leiseste der donnerer, / entzündet in uns / entfernte sehnsucht.

Literaturlabor Lauter Niemand

Der Name dieses Berliner Autoren Netzwerks wurde bei Franz Kafka entliehen: »Ich weiß nicht,« rief ich ohne Klang, »ich weiß ja nicht. Wenn niemand kommt, dann kommt eben

Meiers Schöner Fleischsalon
Nur noch szenisch, aber nach wie vor mit dem großartigen Martin Pohlmann. Moabit ist weit. Bildet Fahrgemeinschaften, stand vor hundert Jahren mal auf einem Flyer. Im Filmrauschpalast (selbe Adresse, Hinterhof) wurde 2003 offenbar der erste Moabiter Slam aus der Taufe gehoben.

niemand. Ich habe niemandem etwas Böses getan, niemand hat mir etwas Böses getan, niemand aber will mir helfen. Lauter niemand. Aber so ist es doch nicht. Nur daß mir niemand hilft –, sonst wäre lauter niemand hübsch. Ich würde ganz gern – warum denn nicht – einen Ausflug mit einer Gesellschaft von lauter Niemand machen …«

Neben Lesungen veranstaltet Lauter Niemand jeden Sonntag im Hinterzimmer der Restauration Walden ein offenes Autorenforum – und an Hinterzimmern herrscht im Walden kein Mangel. Einen in jeder Hinsicht spektakulären Koch gibt es dort auch. Dem stabilen Gefüge der Offenen Lesebühne aus Stammpublikum und Moderatoren ist eine vorbildliche Internetseite und eine Zeitung angedockt, die von Clemens Kunert von Lauter Niemand gerne als »die Zeitung, die niemals erscheint« attribuiert wird. Aber das stimmt gar nicht.

Clemens Kunert ist überhaupt einer der besten Moderatoren, die ich kenne, einer der sprödesten und treffsichersten – das Zauberwort heißt Timing. Warum mehr Worte machen? Das machen die anderen. Mit der zurückgenommenen Würde eines frühzeitig habilitierten Altphilologen sitzt er da, die Beine übereinandergeschlagen, und kann warten. Und später stellt sich dann heraus, daß er auch sprechen kann. Just great.

Es wird gelesen. Die Diskussion beginnt. Schubladen öffnen sich und schließen sich wieder. Es gibt nicht nur ein Stammpublikum, sondern inzwischen auch ein Stammpublikum, das über Stammplätze verfügt. Man weiß demnach, welche Meinung aus welcher Richtung zu erwarten ist. Schwabenkriege werden ausgefochten, punische dito. Es begegnen sich ewige Gutsherrenromane, Lyrik, Leiber, Gutes, Schlechtes, Zwischenstufen. Das alles gibt es also. Selbster-

Chaussee der Enthusiasten
Charmant Selbstreferentielles, Verläßliches, Gesang (zuweilen), Acting out und das Neueste aus Tourneebus und Arbeitsamt. PS: Stimm-Imitationen sind nicht jedermanns Sache. www.enthusiasten.de (guter Newsletter)

nannte Metrik-coaches werfen das Handtuch, ungefragt. In der Zwischenzeit wird soviel geraucht wie möglich. Es wird dunkler. Lauter Niemand wirkt zuweilen wie eine Sekte ohne Inhalt. Das Ganze hat manchmal etwas von einer Praxis im medizinischen Sinn – diese Wartestellung! –, und hin und wieder enthüllt die Offenheit der ganzen Unternehmung ihre Nachtseite. Unter dem sanften Blick der offenen Ermöglichung entstehen Haßlieben. Eine kombinierte Mogel-Öffent-lichkeit ermöglicht Texte, ermöglicht Kontinuitäten, die eigentlich unmöglich sind. Manch einer liest dort jedesmal zum letzten Mal und kommt doch wieder. Es sind Beziehungen, denen es gelungen ist, sich in Hanglage, wie auch immer, auszubalancieren – und ein Gestalttherapeut hätte seine Mühe, so viele Förmchen aufzutreiben, um all jene Facetten ins Anschauliche zu übersetzen. Doch das sind Randerscheinungen.

Der Fetischcharakter, der jeder Form von Diskussionsveranstaltung anhaftet, wird auch hier immer wieder offenbar. Das liegt in der Natur der Sache. Dennoch ist es eine gute, lehrreiche und oft sogar überraschende Veranstaltung. Und daß eine Offene Bühne plus Diskussion eine Form des russischen Roulettes ist, sei dahingestellt, und zwar ins Sonnenklare.

Wenn es nach einigen Stunden vorbei ist, werden im vorderen Hinterzimmer die Tische zusammengeschoben und die Nachlese beginnt. Eine Tafel wie ein Gastmahl. Und was im Nebenraum von psychischer Implosion bedroht war, bestellt sich jetzt ein Getränk und macht einfach weiter. Da verfliegt der ein oder andere Schatten, der auf das Subjekt gefallen ist, und es wird schließlich heller. Am Ende tritt man auf die Straße und stellt fest, daß sich diese Luft noch atmen läßt.

Lauter Niemand, Literaturlabor
Familiär, hin und wieder klaustrophob, danach am großen Tisch aufgelöst und voller Harmonie. Nichtraucher aufgepaßt.
www.lauter-niemand.de

Das LCB-Sommerfest oder: 100 Arten, einen Hund zu tränken

Zum Literarischen Colloquium Berlin nach Zehlendorf zu fahren, ist immer ein wenig, wie einen Ausflug zu machen. Als müßte man eigentlich Proviant mitnehmen. Und wie seltsam und auf beunruhigende Art der Kinderintuition widersprechend, ist es – gerade im Winter –, einen Ausflug erst nach Einbruch der Dunkelheit zu beginnen. Aber schon in der S-Bahn sind die literarisch Interessierten auszumachen, und man ist nicht mehr allein. Dann geht es den kurzen Berg hinauf und durch die Pforte in den Vorhof der Villa hinein. Auf deren Rückseite fällt der Hang steil ab bis an das Ufer des Wannsees, im Dunkeln schwappend, unsichtbar. Und ein leicht verstörendes Gefühl nimmt sich seinen Raum: Als sei man außerhalb der Saison, zur Unzeit, irgendwo eingetroffen und müßte sich unauffällig verhalten.

Doch es gibt einen Tag, an dem das alles seine Richtigkeit hat – das Sommerfest.

Lesungen, Swing, Chinapfanne und ein Sommer, der es ernst meint. So prominiert man grüßend und vielleicht auch vermeidend durch das plaudernde Bewegungsbild. Von der Wärme dieses Sommertages bedrängt, scheint es dann auszureichen, sich am Hang zu halten, den Fuß im Schuh überstreckt, den Blick ins Tal. Wer hier heraufsteigt, hat die letzte Bergetappe noch vor sich, wer zu Tal geht, kommt gerade oder kommt wieder zurück. Wo der Blick am weitesten ist, liegt der Wannsee, eingefärbt in den verschiedenen Tönungen der Sonnenbrillen. Bei Temperaturen um 30 Grad senkt sich eine sanfte Unaufmerksamkeit über diejenigen, die im Randbereich des Lautsprechers lagern. Die Lesungen gehen vor sich wie Gespräche am Nebentisch, die Stimme von Julia Franck verweht. Zwischen dem Himmel und der Prosa spannt sich ein großer, weißer Sonnenschirm. Wir denken: Camping. Dann spielt die Kapelle, und es schwingen sich ein paar Akkorde von »Les feuilles mortes« im Gleitflug den Hang hinab.

Im Zentrum der Sommerhitze aber ist ein freundlicher Hund an einen Wasserhahn geleint, und ein einzelner Gedanke gewinnt überall an Dringlichkeit: Der Hund hat Durst. Schon stolpert ein freundlicher Literaturagent dem Hechelnden entgegen, faltet die Hände zum Napf, füllt sie und bietet dem Hund Erfrischung. Letzterer will vor Freude kaum trinken, ersterer wischt sich leicht verlegen an der Hose die Hundeschnauze von den Händen.

Dem folgt ein Paar, das es vorzieht, eine große Pfütze herzustellen und den Hund, zuerst mit Worten, »Da! Wässerchen!«, dann aber mit sanftem Nackengriff auf den schon versiegenden Quell hinzuweisen. Zwei Prosaautoren unterbrechen ihr Gespräch und den Weg nach oben, um den Hund von außen naß zu machen. Er dampft.

Ein Lyriker im hellen Anzug dreht voller Erbarmen den Hahn auf und läßt das Wasser laufen, der Hund wendet sich ab. Endlich kommt eine Frau mit Kind, Rucksack und Sandalen und füllt nach kurzer Vorbereitung einen Plastikteller mit Wasser, aus dem der nasse Hund wie aus Höflichkeit ein paar Schlücke nimmt, um sich dann wieder der Aufmerksamkeit seiner Wohltäter zu versichern. Bald ist ein Teich angelegt, und es wird Zeit, in den Schatten hinabzusteigen und gute Vorsätze aufzugeben. Unten am Ufer wird jetzt auch gelesen, ein junger Mann berichtet von frühen Erinnerungen, von obsessiven Szenen, die sich – wie passend – an Seeufern ereigneten und die offenbar für irgend etwas zentral sind. Das Publikum lagert derweil in impressionistischen Konstellationen. Es ist warm. Man kann dem Autor zuhören

Literarisches Colloquium Berlin
Am Sandwerder 5, Zehlendorf. S-Bhf Wannsee!
Lesungen renommierter AutorInnen, inklusive Ausflug.
www.lcb.de

oder auch dem Fachgespräch der Villenhausmeister über die rechte Uferbefestigung, man kann Emailadressen austauschen oder sich von einem Off-off-Galeristen noch ein Bier bringen lassen.

Als wir am Abend auf dem Heimweg den Hang wieder heraufsteigen und die Wasserstelle passieren, zeugt von dem Hund, der nicht mehr da ist, nur noch eine große dunkle Stelle, die einmal eine gutgemeinte Pfütze war. Es besteht kein Zweifel: Dichter haben den Hund in Wasser aufgelöst. Eine andere Kapelle covert jetzt das, was keiner mehr hören wollte. Alle Guten sind gegangen, und die S-Bahn fährt vielleicht noch oder sie fährt nicht mehr. In diesem Fall sind wir verloren.

FAKES

Die »unsacralen lesungen« kündigten einst an, daß zu einem Abend mit dem Titel »Lyrik gegen Atomkraft« neben Karl Käfer auch »Christiane Allert-Wiebranitz vielleicht käme oder auch nicht« – mit anschließender Diskussion. Sie kam natürlich nicht. Dafür aber Publikum in jeder Menge, zunehmend enttäuscht. Da tat es uns dann leid.

Außerdem wird kolportiert, daß ein ruppiges Christian Kracht-Double auf Tournee ist, aber das sind Gerüchte. Doch wer weiß schon so genau, wie Autoren und Autorinnen wirklich aussehen?

Roter Salon

Samstag abends im Nachtsalon, ab 21.00 Uhr oder später: Lesungen, die nach Ablauf zu Tanzveranstaltungen entstuhlt werden, Widerrede zwecklos, you better get up. Und Beware vor dem Napoleon der nichtabgeholten Karten! Außerdem, alljährlich die Loveparade der Off-Literatur-Szene: Die Lesershow, organisiert von der NGL. Frühzeitig reservieren. Der Rote Salon ist nicht der Tiergarten.

www.roter-salon.de

Radio Hochsee
*Da war ich noch nie. Gute Freunde sagen, es sei gut.
Das muß man dann einfach glauben.
www.falko-hennig.de*

LSD (Liebe statt Drogen)
*Kommt drauf an, kann höchst unterhaltsam sein, kann peinlich sein, aber wer kann das nicht von sich sagen.
www.liebestattdrogen.de*

Das Stille Museum
*Buchpräsentationen, immer mal wieder.
Inzwischen ist die Heizung repariert.
www.das-stille-museum.de*

KookRead
*Organisation von Lesungen an diversen Orten. Organisiert von kookread.
Sympathisch lyriklastig. Reell.
www.kook-label.de*

SLAM
*Slam eben. Zuweilen transatlantische Transportschwierigkeiten (yo hermeneutics). Seit kurzem auch komplettiert mit Beats und Bassline vom Plattenteller.
www.spokenwordberlin.net
www.slamily.de/events*

Kaffee Burger, Tanzlokal
*Wird unablässig von Lesungen und ihrem Publikum durchquert.
Schlangestehen kann gut vorkommen. Unregelmäßige und diverse regelmäßige Termine. Plus Tanz, wie der Name schon sagt.
www.kaffeeburger.de*

Der literarische Salon Britta Gansebohm im Podewil
*Namhafte Gäste. Salzstangen, Blumenschmuck und Stil.
www.thing.de/gansebohm*

LiteraturWERKstatt Berlin
*Früher in Pankow, jetzt zu Gast in der Backfabrik, Saarbrücker Straße 36.
Gastspiele. Und alles.
www.literaturwerkstatt.org
www.lyrikline.org*

Lokalrunde
Mit richtiger Musik, Moderation und Kurzfilmen.
Sehr berlin, sehr mitte. DJ-krieg-kein-Sender-rein.
www.lokalrunde.net

Literaturhaus Berlin
Das älteste Literaturhaus Deutschlands.
Villa, Wintergarten, Garten, Gärtner.
Gute Lesungen, nicht immer gut besucht.
www.literaturhaus-berlin.de

O-Ton-Ute
Mit Musik und Verve, in jede Richtung.
www.dmkm.de (sehr freigiebig in der Distribution der Werke)
www.otonute.de

Hauke Hückstädt

Begehbare Feuilletons oder die Metropole im Kopf

I.

ALS ICH anfing, mich davon zu verabschieden, erinnerte einiges an das Ausscheiden eines Bandmitglieds. Zwar waren die Macher des *Literarischen Salons* nie die Stars und auch nie diejenigen, die auf der Bühne spielten. Aber wir waren verspielt, waren selbstvergessene Luftgitarristen, Bandplayer, traumwandelnd abgeschottet gegen die Wellen der Konvention: Kleinkunst und selbstvergnügt große Tendenzen. Wir waren in unseren besten Momenten mehr als die Summe der einzelnen Teile (Kante), grandios dilletierende Gitarreros. Verschworen auf eine gemeinsame Sache, angetrieben von Hirnsausen (Louis de Funès) und Anmaßung zur Untergrabung. Sieben junge Männer (– das wurde oft kritisch beäugt!), sieben Studenten der Geisteswissenschaften zwischen 25 und 30 Jahren, die in der zweiten Hälfte der 90er Jahre öffentlich zugängliche Begegnungsarten mit verschiedensten Leuten schufen. Mit Leuten, die wiederum für ihre Sachen, für ihre Literatur, ihre Filme, ihr Theater, für ihre Fernseh-, Radio-, Ausstellungs- oder Verlags-Programme, ihre zum Teil auch abstrusen Professionen einfach das Möglichste zu tun schienen und dadurch Wegbereiter waren oder Querschläger oder schillernde Zampanos. Entscheidend war nicht so sehr, daß das Who's-Who des deutschsprachigen Kulturbetriebs zunehmend der beträchtlich rhizomatischen Liste unserer Gäste ähnelte, entscheidender war, daß diese Liste eher ein gemeinschaftlich geführtes Poesiealbum war. Wir kauften die Gäste nicht ein. Und es wurden keine Veranstaltungen gebucht. In der Regel ging jeder Gastzusage eine Werk-Huldigung als Einladungsbrief mit Kniefall unsererseits voraus. Die Gäste kamen gerne, sie spürten offenbar, daß da ein paar Unbelehrte waren, die ihre, der Gäste Professionen tatsächlich schon länger verfolgten, und die daraus ein paar Fragezeichen gezogen hatten, ein Interesse, das sie in einen Mehrwert zu wandeln versuchten, indem sie Einladungen zu Werk- und Biographie-Inspizien aussprachen, die dann öffentlich zugänglich wurden, wenn nicht ausverkauft waren.

Was damals geschah, es kommt mir noch heute vor wie ein Traum, aus dem die deutsche Podiums- und Veranstaltungskultur, insbesondere literarische Kultur, feucht, wohl auch schweißgebadet und recht eigentlich voller Tatendrang aufwachen hätte können. Der *Literarische Salon* an der Universität Hannover war, und er ist es immer noch, ein Versprechen, ein Desiderat, ein geraubter Kuß auf der kalten Platte der literarischen Präsentationskultur.

Inzwischen ist der *Salon* eine geistige Institution, auch wenn die Veranstalter im alljährlichen Bemühen der Finanzierbarkeit ihrer Sache bis heute nie das Privileg der Unanfechtbarkeit genossen haben. Und ohne Zweifel ist die nunmehr über zehnjährige, vor allem auch von den Betreibern schon frühzeitig betriebene Legendenbildung um die Erfolge dieses Veranstaltungsortes mindestens genauso blendend wie längstens jedes aktuelle Programm des *Salons* für sich selbst.

Man muß vielleicht nicht erzählen, daß das alles 1992 im Kleinen anfing, um zu verstehen, was etwa fünf Jahre später begonnen hat, etwas wie der Traum der Kultur- insbesondere Literaturvermittlung zu werden. Von den einstigen Begründern waren da schon nur noch zwei dabei. Hinzu gekommen waren inzwischen fünf andere, darunter ich. Wir

Ich hatte die Erfahrung gemacht, daß persönliche Beziehungen zu unsren lebenden Dichtern mich als Wissenschaftler förderten. So kam ich auf den Gedanken, eine unter meiner Aufsicht stehende, erprobte kleine Schar älterer Studenten auf regelmäßigen Autorenabenden in Berührung zu bringen mit älteren und jüngeren, stärkeren und schwächeren, eigentümlicheren und modischeren Dichtern. **Arthur Kutscher**

waren zu siebt. Unser Büro maß dichtrangierte acht Quadratmeter mit einem Schreibtisch, einem Rechner darauf sowie einem kombinierten Telefon-Fax-Gerät und einem ausladenden Sofa. Es zeigte alle Symptome der Klitschenwirtschaft. Doch die Anzeichen sind bekanntlich immer da, wo man den Spaß gehabt hat (Günter Schütter).

Die Abwesenheit eines geordneten »Masterplans«, eines »kulturdidaktischen Konzeptkorsetts« genauso wie einer nachvollziehbaren Büroordnung eröffnete offenbar Freiräume.

Einmal (»Endlich!«, sagten wir damals!) hatte die große Münchener Tageszeitung den Weg zum *Salon* gefunden in Gestalt einer rothaarigen Festen Freien. Sie wollte den *Salon* »ganz authentisch miterleben« und war vom Nachmittag bis nachts zum Ende der Veranstaltung dabei. Und wir legten ihr alle Feuerstellen frei, erzählten, redeten. Sie schrieb alles mit. Und schließlich halfen wir ihr sogar mit Papier nach. Ihres war aufgebraucht. In der aufgestauten Erwartung, daß unsere Sache nun endlich erkannt werden würde, denn die Redakteurin machte wirklich den entschlossensten Eindruck, uns verstanden zu haben, wurden wir blaß, als ihr Beitrag dann »Salonlöwen in der Pubertät« betitelt war und im Grunde nicht viel mehr erzählte, als daß sich im besagten Büro die Pappteller, Kaffeebecher und Pizzakartons unserer nächtlichen Redaktionsseancen ebenso hoch stapelten wie unsere kühnen Pläne.

Ein anderes Mal reiste ein Gast, es war der Schauspieler und »Kommissar-Sperling«-Darsteller Dieter Pfaff, um einige Stunden früher als geplant an. Das Büro muß wieder »pubertätsmäßig« ausgesehen haben. Der Pförtner kündigte den Besuch telefonisch an. Wir erschraken: Was jetzt? Ich eilte hinunter, um Pfaff dort in Empfang zu nehmen. Als ich dann mit ihm und seinem Fahrer Minuten später gemeinsam wiederkam, war die »pubertäre« Schaltzentrale wie gebürstet.

Die literarische Lesung in der Provinz gilt verbreitet als grauenhaft und unerträglich. Oft genug ist sie als eine Art General-Entwürdigung von Literatur und Autor-Existenz beschrieben worden. Wird sie hingegen gefeiert,

Wir studierten eben – und mehr oder weniger auch beflissen. Doch darüber sprachen wir kaum. Obschon dieses Büro auf universitärem Territorium lag, genauer, auf der Etage des Germanistischen Seminars. Entscheidend scheint im Rückblick, daß man sich auf ein paar Jahre zum richtigen Zeitpunkt, am vermutlich richtigsten Ort für die wahrscheinlich richtigste Sache, die man damals gemeinsam hätte ausrichten können, zusammengefunden hatte. Wir machten zusammen das Programm des *Literarischen Salons*. Wir waren Nobodys. Und einige von uns fühlten sich auch so. Es gehörte sicherlich zu den ersten Erfolgen, wenn das ernst zu nehmende Feuilleton formulierte: Inzwischen besteche das Germanistische Seminar der Universität Hannover mehr durch die Programme des *Salons* als durch die Publikationen seiner Dozentenschaft, welche uns ja tatsächlich und täglich mit großelternhaftem Gleichmut oder zunehmendem Neid in teils geriatrischer Liebenswürdigkeit auf dem geteilten Etagenkorridor begegnete. Jedes unserer Programme war eine Eroberung, ein Lebendigkeitsaufstand, ein Beweis für die Unabhängigkeit des Kopfes. Und in diesem Fall waren es sieben Köpfe. Und wohl nicht von ungefähr liebten wir Filme, in denen sich Einzelgänger und Zweifler zusammenschlossen. So strudelten wir in bald unzähligen Nächten in die Niederlagen der *Sieger* von Dominik Graf. Mit Yves Montand und Gerard Depardieu übten wir die *Wahl der Waffen*. Und wenn es gerade nichts zu sagen gab, konnten wir uns auch nur mit Dialogfetzen aus Michael Manns *Heat* oder Bryan Singers *Üblichen Verdächtigen* verständigen. Oder wir wärmten uns an der jungenhaften Radikalität der *Abenteurer* Alain Delon und Lino Ventura auf.

Und wir lasen, nicht siebenfach, eher siebenfältig. Während der eine die aktuelle *Spex* und *taz* durchbuchstabieren konnte, inszenierte ein anderer aus den erlesensten High-

dann ganz ironisch als Angriff auf den Weltrekord im Erzeugen von Widerwillen und Langeweile (beim Publikum) sowie Melancholie und Todessehnsucht (beim lesenden Autor). **Burkhard Spinnen**

Brow-Ressorts wahlweise möglichst anglophil- oder philologiegesteuerte Veranstaltungen. Der *GEO*- und *Mare*-Exeget, der überhaupt ein Atmosphärengourmet war, verkabelte sich mit dem elektrisierten *Schreibheft*-, *Akzente*-, *manuskripte*- und *horen*-Abonnenten. Ein anderer las tatsächlich auch die Politikkolumnen und hatte Affinitäten zum Theater wie zum Fotojournalismus. Während der große Sechste sich mehr und mehr den flirrenden Fragen hinter dem Flimmern der

Medien widmete, derweil ein Siebenter es immer wieder schaffte, mit seinen Programmvorschlägen erst einmal alle anderen zu erschrecken und dann zu bereichern: da ein legendärer Pionier des Schablonen-Graffitis aus Paris, dann ein Typograf aus New York, schließlich zwei Industrie-Sounddesigner aus Wuppertal. Und das Kino, das Breitwandgefühl (als Ausgleich zu konkreter Poesie aus Österreich und Catherine Davids schwirrbelig verkopften Überlegungen zur *documentaX*) liebte jeder für sich und nach seinen Vorlieben.

Erforderlicherweise professionalisierte man sich über die Jahre. Es gab Abläufe, Zuständigkeiten, Redaktionssitzungen, Pressearbeit, Regeln und Regelbrüche, einen externen Förderverein, liebevoll ironisch bezeichnete »Innovationsoffensiven« und immer wieder Lagebesprechungen, die wir in Anlehnung an den Drehbuchautor Rolf Basedow bald in »große Lage« / »kleine Lage« zu unterscheiden wußten. Aber wie wir es auch nannten und wie wir uns auch reglementierten, die so von mir nirgends in der Bundesrepublik sonst entdeckte, teils anarchische, immer aber hintergründig hochelektrisierte Heterogenität der *Salon*-Programme war Ergebnis dieser Siebenköpfigkeit mit all ihren meistenteils produktiv gelöschten Konfliktherden. In den bald wöchentlich abgehaltenen Redaktionssitzungen wurde jeder Programmvorschlag gedreht und gewendet. Wir verlangten einander wirklich ab, zu wissen, warum man da eine Veranstaltung mit der oder

Ist es doch Baiaes Tor und winket das Ufer zur holden ländlichen Stille; auch ich zieh Procida vor der Subura; denn wo gibt es ein Nest, so öd und erbärmlich, als daß nicht schlimmer es schien, immerfort nur Brände zu

jenem umsetzen wollte. Da wurde vieles gekippt, Gefälliges kam kaum durch. Es wurde eine ungeheure Energie darauf verwandt, dem jeweiligen Gast etwas abzuverlangen, der in aller Regel nie sich selbst überlassen war, sondern ins Gespräch mit einer moderierenden, fragenden, kenntnisreichen Person auf das Podium zu treten hatte. Der glückliche Umstand, daß das Objekt der Begierde und des Interesses nun tatsächlich angereist war, veranlaßte niemanden dazu, ihm gegenüber auf eine solche Art und Weise ergeben zu sein, daß es nicht klar artikulierte Vorstellungen des Veranstalters gegeben hätte, was die Gäste auf dem Podium auf jeden Fall ansprechen oder lesen sollten. Und die Gäste akzeptierten die teils penetrant minutiös vorgetragenen Anweisungen immer gerne. Diese Art der Autorenbetreuung hatte etwas von Regiearbeit.

Und das Publikum, es schien dankbar zu sein dafür. Bis heute dürfte es kaum ein vergleichbares Podium in Deutschland geben, das ein derartig auf- wie durchgemischtes und dabei zahlenstarkes Publikum aufweisen kann wie der *Literarische Salon*, dessen Betreiber auch heute alles andere im Auge haben als die elitären Konnotationen eines inzwischen zur Marke gewordenen *Salons* erahnen ließen. Die Veranstaltungen, die allwöchentlich an Montagabenden in der an sich schmucklosen Panoramaetage eines denkmalgeschützten Hochhauses mit Blick über Hannover stattfinden, sind im besten Sinne urban und ein zuhöchst öffentlicher Umschlagplatz für Ideen und Erfahrungen zur Erhaltung eines kulturellen Status quo.

Wo sonst konnte man auf einem Podium ein und desselben Veranstalters Regisseure wie Dominik Graf, Tom Tykwer, Caroline Link oder Christoph Schlingensief vereint und mit der gleichen Hingabe beleuchtet finden mit Lyrikern wie Jürgen Becker, Inger Christensen, David Constantine, Char-

fürchten, der Häuser Einsturz immer erneut und tausend Gefahren der grausen Hauptstadt und Dichter, gewohnt, im August ihre Lesung zu halten? **Juvenal**: Satiren

les Simic und Adam Zagajewski? Welcher Veranstalter konnte sich schmücken, den zurückgezogen arbeitenden *Zweitausendeins*-Verlagschef Lutz Kroth an den Punkt zu bekommen, zwei Stunden lang durchweg erhellend Auskunft zu geben über den Hanf- und Esoterik-gesteuerten Erfolgsweg eines Merkheft-Verlags? Welche Einzel-Lesung der Lyriker Uwe Kolbe oder Judith Herzberg hatte zuletzt 60 Besucher? Wer hat eigentlich Ende der 90er mal den »Willemsens Woche«-

Moderator Roger Willemsen moderiert, will heißen zweieinhalb Stunden lang mit dessen Mitteln, also in liebevollen Windungen ähnlich holzwurmartig durchbohrend ausgefragt? Welcher Veranstalter hat sich über 10 Jahre lang mehr Neugier behalten, weniger das Gängige und Preisgekürte gewählt und weniger Mehrfach-Einladungen ausgesprochen als der *Salon* in Hannover? Und gab es zuvor überhaupt einen einzigen Veranstalter, der die Literatur und die Autoren aus der Quarantäne genommen hat und offen war für das, was zeitgleich ja doch auch geschah und von dem Autoren genauso beeinflußt waren wie das Publikum: der deutsche Fernseh- und Kinofilm, das Theater, neue Übersetzungsprojekte, alle möglichen Print- und Unterhaltungsmedien, Typografen, Fotografen, Musiker.

Die kommunale und insbesondere niedersächsische Kulturpolitik unter dem Wissenschafts- und Kulturminister Thomas Oppermann hatte das im Jahr 2000 erkannt und den acht Jahre lang mit Jahreshaushalten von maximal irrwitzigen 20–40 Tausend D-Mark in fröhlicher Selbstausbeutung arbeitenden *Salon* endlich institutionell gefördert. Eine feste Einstellung hat von den verbliebenen vier Betreibern bis heute dennoch keiner. Man arbeitet dort auf Honorarbasis – fast selbst schon Künstler. Circa 100 Tausend Euro jährlich sind der Preis, den das Glück in Hannover vollplastisch kostet.

Um gut, das heißt nicht langweilig, sondern gewinnbringend für die Hörer zu lesen, muß man außer Begabung auch Geschicklichkeit und Erfahrung besitzen, muß man eine klare Vorstellung von den eigenen

Es gab auch Enttäuschungen, Veranstaltungen, die nicht so gerieten, die nicht das halten konnten, was der *Salon* sich und dem Publikum versprochen hatte. Aber das ruhte in der Anlage der Sache: eine gewisse Unberechenbarkeit. Um Erwartungen zu übertreffen, standhafte Neugier zu wecken, um ein Publikum, den Zuschauer und -hörer zu binden und zu locken, kann man nicht auf etablierende Deckung setzen. Man muß es offen halten, muß selbst noch überrascht sein können, selbst noch dazulernen wollen. Und es gab eine ziemlich ausgewachsene Abscheu vor aller Betulichkeit, die Autoren und Lesungen eben auch eigen sein konnte. Thomas Bernhards *Alte Meister* war dabei so etwas wie ein reinigendes Gewitter, vielmehr ein Auszug daraus, der sein Epizentrum in folgenden Sätzen findet: »Und dann machen diese Schriftsteller sogenannte *Lesereisen* und reisen kreuz und quer durch ganz Deutschland und durch ganz Österreich und durch die ganze Schweiz und sie lassen kein noch so stumpfsinniges Gemeindeloch aus, um aus ihrem Mist vorzulesen und sich feiern zu lassen und lassen sich ihre Taschen mit Mark und mit Schillingen und mit Franken vollstopfen, so Reger. Nichts ist widerlicher als eine sogenannte *Dichterlesung*, sagte Reger, mir ist kaum etwas verhaßter, aber all diese Leute finden nichts dabei, überall ihren Mist vorzulesen.« Der *Salon*, so scheint mir, war und ist es wohl immer noch, etwas Organisches, das die Diversität des Menschen und der Kunst und Literatur insbesondere, die er zu seiner Erhaltung hervorbringt, nicht abstößt, sondern in seiner Vielköpfigkeit selbst in sich trägt. Das Liderliche und das Schöne begehen ihre Feier am besten dort, wo jede Form von Konsens den allerhöchsten Tribut fordern würde.

Als ich zuletzt mal wieder dort war und mir inzwischen als sicher erschien, daß der *Salon* die Matrix war für einen Teil

Kräften, von den Menschen, für die man liest, und vor allem von dem Gegenstand haben, den man behandelt. Außerdem muß man umsichtig sein, die Hörer genau beobachten und keinen Augenblick außer Acht lassen.

Anton Tschechow

meiner weiteren Arbeit, sah ich ein überlebensgroßes Banner im Eingangsbereich von der Decke hängen. Darauf die Reproduktion des ersten Schablonen-Graffitis des besagten Schablonen-Graffiti-Pioniers aus Paris, Blek le Rat: ein schemenhafter älterer Herr mit Hut, ein Bernhardscher »Reger«. Daneben das Zitat: »Nichts ist widerlicher als eine sogenannte *Dichterlesung*.« Darunter das *Salon*-Logo. Davor Trauben Dutzender, die zu einer Lesung drängelten.

II.

Diese Siebenköpfigkeit ist mir nie aus dem Kopf gekommen. Sie könnte, so scheint mir, eine gewisse aufmerksame Widerständigkeit garantieren. Sie ist dort und stört und fordert und legt sich quer. Ein Universum in der Nußschale, ein Woody Allen'sches Durcheinander, ein dereguliertes Alexander-Kluge-Kuddelmuddel. Die Metropole ist letztlich nicht eine Frage des Ortes, an dem wir leben, sondern des Entwicklungsstadiums der Vernetzung in einem einzelnen Kopf. Wir sollten, so gut wir es versuchen können, an solchem produktiven Durcheinander festhalten. Es könnten auch nur vier Köpfe sein, die da durch einen hindurchgehen. Vielleicht auch nur zwei. Zwei wäre schon viel, aber knapp nicht zu wenig für ein Publikum, das man nie weniger unterfordern sollte.

Und Sieben, das war vielleicht ein Traum. Sieben ist nicht die Wirklichkeit. Das Gros auch etatmäßig vergleichbar ausgestatteter Institutionen wird von Einzelgängerinnen, Einzelgängern geprägt und geführt, die vielleicht nur eine Sache gemein haben: die kuriosen Wege ihrer Berufsfindungen. Denn die Intendanz (um es einmal so zu nennen) einer Literatur vermittelnden Veranstaltungsinstitution ist kein Ausbildungsberuf, kein Studiengang (und was die Literatur am wenigsten braucht, sind wahrscheinlich Eventmanagement-

Denn nicht das, was den Sinnen dargestellt ist, sondern das, was das Gemüth, durch diese Wahrnehmung erregt, sich denkt, ist das Kunstwerk.
Heinrich von Kleist

Seminar-Absolventen). Es gibt keine Berufsbezeichnung für diese Art Arbeit und keine ausgeprägten kritischen Apparate, die uns helfen könnten, die Art und Weise solcher Vermittlungsarbeit zu beurteilen. Und es gibt aus kulturpolitischer Sicht vermutlich auch keine Entwicklung einer Vorstellung davon, wie so jemand beschaffen und aufgelegt sein sollte, der eine solche Institution programmatisch und Öffentlichkeiten erreichend relevant leiten kann.

Wie nennen sie sich, diese Hausmeister der Literatur? – Programmleiter? Geschäftsführer von Literaturhäusern und -büros? Performance-Agenten? Veranstaltungsfunktionäre? Literatur-Dramaturgen?

Es gibt keine angemessene Berufsbezeichnung. Und es gibt keine ausgesprochene, halbwegs verbindliche Vorstellung davon, wie dieses Berufsfeld besetzt sein müßte. Schon gar nicht gibt es eine Ausbildung dafür, wie es sie ansonsten für jedes gute und ehrliche Handwerk gibt.

Mehr denn je könnte es heute darauf ankommen, die Begegnung mit Literatur und Autoren von all dem freizuhalten, was ihr ohnehin eigen ist: etwas unvermeidbar Erratisches, das Elitäre, die ganze vergnügliche Gepflogenheit solcher Begegnungen sowie ihr schwer abzuschüttelnder Ruf, eher den Parzellierungen des Establishments zuzugehören als einem Freigehege, in dem es dem Volk freigestellt bleibt, die Sprache der Dichter zu sprechen (Joseph Brodsky) – oder nicht.

Für die Vermittlung von Kunst und von Literatur insbesondere sollte nicht die Nachfrage das Angebot bestimmen, sondern umgekehrt. Mit anderen Worten, die Gestaltung und Ausrichtung eines Kultur beziehungsweise Literatur vermittelnden Hauses, verlangt nicht weniger nach Künstlerschaft als die Umsetzung eines Spiel-, wahrscheinlicher aber Dokumentarfilms, als die Leitung einer Theaterbühne oder als die Redaktion eines vielgestaltigen Feuilletons in Perso-

Wenn man davon ausgeht, daß diejenigen, die sich bei so einer Lesung versammeln, nicht etwas hören wollen, was sie schon wissen, sondern etwas erfahren wollen, dann kann ich die Texte nur so bringen, wie sie wahr-

nalunion. Film, Theater und Feuilleton handeln von unserer kulturellen Herkunft, indem sie uns immer die freie Rede vom Menschen vorführen. Nichts weniger als das tut der Autor auf dem Podium eines Literaturhauses. Er ist darin nur noch unmittelbarer. Es gibt auf dem Podium keine Möglichkeit der *postproduction*, keinen Schnitt und keine Nachsynchronisation. Es gibt keine Souffleusen und nie ist klar, wie die Sache ausgehen wird. Es gibt, wenn Lesung und Gespräch erst einmal begonnen haben, keinen Zugriff mehr. Da ist nur die klatschende Spannung des Publikums, das allmählich verflammende Lampenfieber des Gastes und das ungebrochene Mitfiebern des Gastgebers. In den besten Momenten ist dann solches Aufeinandertreffen wie das erste Tete-a-tete dreier, die sich viel voneinander versprechen.

Die Programme, die wir gestalten, müssen geschenkt werden. Sie sollten überraschen und neben dem, was erwartet wird, ein Mehr an verwunschenen Zumutungen präsentieren. Die Häuser, in denen wir der Literatur begegnen, könnten wenig eitle Denknischen und Stadien ungezwungener Auseinandersetzung werden, wenn sie immer auch etwas ihrer Region entsprechen in der Art und Weise, wie sie ihr Publikum ansprechen. Das heißt sie müßten immer höchst vielzüngig und vielgestaltig sein. Und sie sollten dann dennoch, ähnlich einem solche Bezeichnung verdienenden Verlagsprogramm, unverwechselbar sein. Vielleicht sollten sich Stadtväter mit dem Gedanken vertraut machen, nicht weniger viel in ihre Kulturvermittler zu investieren als in die windig-zugigen Allgemeinplätze ihrer Städteplaner. Und es gibt wenig Gründe, warum sich die Literaturvermittlung nicht ebenso für die anverwandten Künste, Wissenschaften und Medien interessieren sollte wie die Urheber aller Literatur eben auch. Bücher werden von Leuten geschrieben, die Bücher anderer lesen, ins Kino gehen, Musik hören, Fern-

scheinlich gemeint waren. Die Filter baue ich später ein, das ist sozusagen meine subversive Arbeit. Der Schauspieler **Stefan Hunstein** über seinen Vortrag von NS-Texten

sehen schauen oder Zeitung lesen. Und diese Leute waren seit jeher, darin ähneln sie ihrem Publikum, denkbar unfrei, von diesen Einflüssen abzusehen. Es ist also kein sehr moderner, geschweige denn avantgardistischer Ansatz, Podien und Veranstaltungsprogramme für wünschenswert zu halten, die sich etwas weniger sklavisch an die vermeintlichen Grenzen ihres Ressorts halten und von der Literatur ausgehend (denn schließlich ist das Geschriebene als das genauere Denken auch das alle Lager vereinende Archiv) sich allem, was sie bedingt, zu widmen.

Der Verfasser einer Tetralogie über das Meisterhafte neben dem Filmemacher, der durch den Einsatz einer handelsüblichen Digital-Kamera zu neuen Erzählweisen gefunden hat. Ein Programmleiter des Öffentlich-Rechtlichen Fernsehens, der mit seinem Lieblingsautor spricht, neben dem wortkargen Cartoonisten, der eine verwegene Linie von Flaubert zu »anonymen Alkoholikern« zeichnet. Der Erfinder des *Tatorts* neben einer umstrittenen Verschwörungstheoretikerin. Die Kolumnistin neben dem Leitartikler. Der Lyriker neben der Skandaldramatikerin. Der deutsche Synchronsprecher Arnold Schwarzeneggers, der Thomas Bernhards *Holzfällen* liest.

Wie kaum andere Orte und ohnehin abseits der quotengesteuerten Talkshows bieten Literatur vermittelnde Häuser die Möglichkeit, Autoren und ihre Bücher aus den erlesenen Reservaten herauszuholen und ähnlich dem Feuilleton egalitär in »ein Buch« zu stellen mit der Reflexion über unsere Gegenwart, das Theater, den Film, die Musik, die neuen Medien, die Wissenschaft. Autoren gleichberechtigt neben Schauspielern, Regisseuren, Drehbuchautoren, Bildgestaltern und Kameraleuten. Komponisten, Songwriter und DJs neben TV-Produzenten und Redaktionsleiterinnen – Sympathetische Hirnforscher und unbewußte Komparatisten sind sie vielleicht alle.

Es ist für jemanden, der sich als abhängig sieht von Sprache, nicht die schlechteste Gewißheit, daß man immer die Möglichkeit haben wird, einer Lesung, einer Demonstration des genaueren Denkens beiwohnen zu können, solange man in der Schweiz, Österreich oder in Deutschland lebt. Vielleicht nirgends sonst finden wir eine derartig hohe und hoch frequentierte Kultur des Austausches über Literatur. Es könnte nur mehr und mehr darauf ankommen, diese Kultur

weder in gepflogenen Isolationen zu wahren noch während vermeintlicher Festivals auf geringstem gemeinsamen Nenner zu verramschen. Es könnte darauf ankommen, mit angemessener Leichtigkeit und großer Kontinuität diese literarische Kultur in relevanten Nachbarschaften zu den von der Literatur bedingten Künsten, Medien und Wissenschaften zu bereichern. Das wären dann Orte, die sich einem aufschlagen und mitnehmen: begehbare Feuilletons. Jedenfalls wäre die Metropole im Kopf oder nirgends.

Sie standen dicht um mich herum. Ich las, und ich sah nicht wenige Thränen. Ich las fast den ganzen fünften Gesang [des Messias*]. Sie verstünden alles, alles, sagten sie; vorher hätten sie nicht alles verstanden.*
Friedrich Gottlieb Klopstock

Norbert Niemann

Leistungskurs Literatur

1.

OFFEN GESTANDEN – ich habe nichts gegen Lesungen. Ich kenne kein Lampenfieber, habe keine Berührungsscheu mit fremden Leuten und auf dem Podium keinen Knödel im Hals. Das mag eine Sache der Veranlagung, womöglich einer psychologisch bedenklichen Kindheitsprägung geschuldet sein. Ich habe mich – auch das gebe ich unumwunden zu – auf Bühnen immer sicherer gefühlt als im normalen Leben, vor Publikum souveräner und mutiger als vor Verwaltungsbeamten. In der Tat bereitet mir dieser Broterwerbssektor des zeitgenössischen Schriftstellers wenig Kopfschmerzen, ein Sektor, auf den unsereins, das heißt alle Autoren, die keinen Bestseller vorzuweisen haben, der sich entsprechend auf dem Bankkonto bemerkbar macht, als kommerzielles Spiel- oder gar Standbein angewiesen ist. Seit die Zeiten des Dichters als Subunternehmer seines Verlags vorbei und übergegangen sind in die Funktion eines Dienstleisters, gehört die Rolle des Verkaufsvertreters in eigenen Angelegenheiten nun einmal zum Job. Auch wenn es dabei mehr die »Spesen« (das Auftrittshonorar) als die Absatzmenge an Büchern ist, von denen man profitiert.

Nein, es ist überhaupt kein Problem für mich, vor einem Kreis von zwanzig unverwüstlichen Leserinnen und Lesern in irgendeinem Städtchen aufzutreten, das ich bisher nur dem Namen nach kannte und das ich auch dann nicht kennenzulernen Gelegenheit habe, weil ich meist erst in der Dämmerstunde ankomme und mit dem Sonnenaufgang schon wieder abgereist bin. Meinen Auftrag als Schriftkulturträger, der zur Bereicherung der kommunalen Kulturpolitik dient oder zumindest den Schein eines intakten

Kulturlebens wahren hilft, finde ich völlig in Ordnung. Und dann die Einladungen ins Ausland! Ich sage nur: Wien, Zürich, Kopenhagen, Rotterdam, Stockholm, London, Dublin, Kiew, Los Angeles. Und so weiter! Das spricht doch für sich, ich meine, auch ohne daß man Übersetzungen vorzuweisen hat, wie es in Wahrheit bei mir der Fall ist. Ab und zu, um nicht zu sagen, zunehmend, wenn ich nach getaner Arbeit in einem dieser Standardhotelzimmer sitze, denke ich zwar an Willy Loman aus Arthur Millers *Tod eines Handlungsreisenden* und an die unglaublichen Erfolgsgeschichten, die er seinen Söhnen ein Leben lang vorlügt. Doch ich brauche mit meiner Leistung, nämlich der heldenhaften Totalpräsenz meines weitgereisten Körpers gar nicht erst zu prahlen. Der Schriftsteller ist ein imposanter Mensch, denn er hat das geschafft, wovon (verrückterweise immer noch) viele träumen: Er ist gedruckt und geht mit sich auf Lesereise. Entsprechend intensiv wird er nach jeder Performance auch betreut. Man läßt sich nicht lumpen in den Städtchen, ißt gerne gut und ausgiebig mit ihm, und nützt die Gelegenheit, ihn nett, höflich, hochmotiviert auszufragen, fragt ihn alles, was man von einem Schriftsteller schon immer wissen wollte. Und der Schriftsteller steht, vielmehr sitzt lustvoll kauend Rede und Antwort.

Schließlich ist der handlungsreisende Dichter wieder allein in seinem Hotelzimmer. Der Kopf schwirrt ihm, in den Ohren saust es noch. Drei Romane sind am Büchertisch verkauft worden, er hat sie alle signiert. Jetzt schaltet der Dichter den Fernseher an, zappt durch die Kanäle, trinkt dazu zwei Bier aus der Minibar. Manchmal, wenn der Abend wieder besonders lustig war, genehmigt er sich eines dieser etwas teuren, aber niedlichen Schnapsfläschchen, legt sich für den nächsten Morgen zwei Aspirin zurecht. Und plötzlich kommt es ihm vor, als wäre er seit undenklichen Zeiten

Wenn wir unsere Eltern dazu bewegen könnten, ihren Vorschulkindern täglich fünfzehn Minuten vorzulesen, könnten wir die Schulen revolutionieren.
Ruth Love

nicht mehr aus diesem einen, immer gleichen Zimmer herausgekommen. Nie war er draußen, nie hat er auch nur eine Zeile geschrieben, nie ist er vor ein Publikum getreten und hat die nie geschriebenen Zeilen vorgelesen. Die Bahnhöfe existieren nicht und die Städte existieren nicht und das Hotel existiert nicht. Irgendwer bezahlt trotzdem die Rechnungen. Und er fragt sich, wie lange es noch dauern wird, bis der Schwindel auffliegt.

Doch um es zu wiederholen: Ich habe kein Problem mit Lesungen, nicht wirklich. Am nächsten Morgen im ICE, unter all den in normalen Geschäften reisenden Leuten, hat sich der nächtliche Spuk noch jedesmal in Luft aufgelöst. Auch Schriftsteller ist ein normaler Beruf, weiß man nun wieder mit Bestimmtheit. Man reist im Zug von Stadt zu Stadt, wie andere Geschäftsleute auch, der Name der Firma, der in diesem Fall zufällig mit dem eigenen Namen zusammenfällt, steht sporadisch in den Zeitungen. Und wenn es sich ergibt – und das tut es tatsächlich gelegentlich –, daß man in ein Reisegespräch verwickelt wird, indem man sich irgendwann als Verfasser von Romanen zu outen gezwungen sieht, dann erfährt man die höchste Anerkennung, die sich ein Dichter vorstellen kann: Verehrung. »Wie war der Name gleich? – Ich werde mir mal eines Ihrer Bücher besorgen.« Vielleicht hat man nun sogar einen neuen Kunden gewonnen! Von dem man allerdings schon im voraus weiß, daß er mit dem Produkt nichts wird anfangen können. Sei's drum, denkt man beim Aussteigen und Betreten des nächsten Städtchens, dieser Konsument wird anderweitige Verwendung für die flexible Ware Buch finden. Etwa als Trophäe zwischen die Alben geklemmt, wird es wie ein selbstgeschossenes Foto sein einzigartiges Leben dokumentieren. »Mit dem, der das geschrieben hat, habe ich auf dem Weg nach Schmalkalden mal im

Freiwillige Teilnahme. Kein Leistungsdruck. Beteiligung bei der Buchauswahl. Nachfragen erlaubt und erwünscht. Konzentrationsfähigkeit bestimmt die Dauer des Vorlesens. Spaß und Freude stehen im Mittelpunkt. Aus dem Programm einer Berliner Leseinitiative für Kinder

Zug geredet«, wird er noch seinen Urenkeln erzählen können. Das alles ist letztlich mehr als beruhigend. Nicht nur, daß es einem das ermutigende Gefühl gibt, einer sinnvollen Tätigkeit nachzugehen. Wie gesagt, ökonomisch ermöglichen einem Lesungen sogar überhaupt erst, daß man sie ausüben kann, ich meine die Tätigkeit des Schreibens, die beim Schriftsteller ja nach wie vor Vorbedingung für die Tätigkeit des Reisens ist – vorausgesetzt, man kommt irgendwann aus

dieser Endlosschleife von Zugwaggon- und Stadtbücherei- und Hotelzimmeraufenthalten wieder heraus. Und das wird man, das weiß man, das sagt man sich, wenn man nachts ins nächste Hotel einkehrt und einen das alberne Willy-Loman-Déjà-vu heimsucht. Und auch wenn es manchmal trotzdem nicht gelingen will, das dumme und ehrlich gesagt hochnotpeinliche Déjà-vu mit einem Lachen und einem Kopfschütteln zu vertreiben, ist man doch vor den Konsequenzen hundertprozentig gefeit, die dieser Willy Loman in Arthur Millers Stück zieht, nämlich sich mittels eines fingierten Unfalls selbst aus dem Geschäftsverkehr zu ziehen. Ein gewisse Affinität zu Melancholieattacken, das ist einem immer bewußt gewesen, gehört zum Berufsrisiko des Schriftstellers.

2.

Schullesungen mit ihren um ein Erkleckliches geringeren Honoraren können im Kontext dieses psycho-ökonomischen Komplexes natürlich keine Trost- und Senfpflaster sein. Sie helfen nicht wirklich die anspruchsvolle Dichterseele heilen, die auf Geld und Bewunderung gleichermaßen angewiesen ist, um weiterhin Pegasus mit seinen fragilen Schwingen reiten zu können. Deshalb sind Anfragen aus Schulen nicht sonderlich beliebt und werden von den für

In der Gazette stand das Übliche: Ultrabrutale hier, Bankraub dort, Streik […] Ein bolschig langer Artikel handelte von der Jugend von heute (also von mir, und darum machte ich eine Verbeugung und grinste wie beschummert), verfaßt von einem blitzgescheiten Tschelluffjek mit Glatze. […] Dieser gelehrte Feck sagte die üblichen Wetschen von wegen keine elterliche Auto-

Lesungen zuständigen Stellen in den Verlagen gerne ein wenig stiefmütterlich behandelt. Denn selbstverständlich sind auch die Verlage daran interessiert, daß ihre Autoren das Geld, das sie mit ihren Büchern bis dato nicht verdienen, andernorts beziehen. Schließlich sind sie die Aktien der Verleger. Sie müssen weiterschreiben können, die Autoren, damit es beim nächsten Mal vielleicht doch noch richtig klappt mit dem Verkaufen.

Daß Schullesungen dabei als Peanuts eingestuft und darum ein bißchen vernachlässigt werden, ist wirtschaftlich zweifelsohne wenig weitsichtig. Potentiell sind Schüler künftige Leser, sie an Literatur heranzuführen wäre Basisarbeit nicht nur für bessere PISA-Ergebnisse, sondern auch für die Zukunft des Buchmarkts. Doch bekanntlich spielt die Zukunft nach neueren ökonomischen Grundsätzen nur als Reklameversprechen eine Rolle (sie ist ja immer schon in dem Produkt verwirklicht, das man anbietet und verkaufen will). Folglich glaubt man auf die schrecklich abstrakte Perspektive gleich ganz verzichten zu können, die jedem weiteren Gedanken an die Zukunft nolens volens innewohnt. Gut möglich, daß sie auf diese Weise tatsächlich schon abgeschafft worden ist, die Zukunft. Realistisch, will sagen, mit Blick auf die konkrete Unternehmens- und Marktpraxis gesehen, geht es schließlich längst nur noch ums Überleben im sogenannten Hier und Jetzt.

Dennoch sind Schullesungen meine einzigen Gastvorstellungen als Schriftsteller, die ich wirklich liebe – offen gestanden. Und wenn ich lieben sage, dann meine ich damit nicht, daß es sich geil anfühlt, vor Jugendlichen als cooler Literaturpopstar aufzutreten. Das funktioniert nicht. Meistens sind diese Jugendlichen nämlich dermaßen jugendlich, daß ihnen noch nicht mal die Namen der berüchtigsten Pop-

rität, wie er das nannte, und keine horrorshow starken Lehrer, die den dußligen Gören ihre Einfältigkeit aus dem Gulliver rausprügelten, bis sie um Gnade winselten. Das alles war so gluprig, daß ich lachen mußte.

Anthony Burgess: A Clockwork Orange

literaten etwas sagen. Darüber hinaus gebe ich zu, daß ich die Schulen nach Lesungen fast immer euphorisiert, was bedeutet, in meinem Job bestätigt und zu weiterer Arbeit angestachelt, mit anderen Worten: gleichsam als Anti-Willy-Loman verlasse. Aber auch das ist es nicht, warum ich diese Sorte von Auftritten mehr als andere schätze. Schullesungen sind vielmehr extrem anstrengend. Man hat es dort mit einem Publikum zu tun, das partout nichts mit dem tun haben will, was man ihm vorsetzt: Literatur. Von ihrem Deutschlehrer, ihrer Deutschlehrerin dazu verdonnert, wird es im Rahmen des ohnehin verhaßten Deutschunterrichts so etwas Verstaubtem und Lächerlichem wie einer Dichterlesung ausgesetzt. Die Schüler sehen einen Menschen mit einem Buch unterm Arm vor die Kreidetafel treten. Und während er am Lehrerpult Platz nimmt, ist ihr Urteil schon gefällt. Sie durchschauen den Schriftsteller als fiesen Agenten eines Schulsystems, das sie peinigt, als Stellvertreter einer Scheuklappenkultur, die sich nur insofern für sie interessiert, als sie jugendliche Ausdrucksformen zu Konsumzwecken mißbraucht, und als personifizierten Zeigefinger einer Gesellschaft, die sie pauschal für dumm erklärt.

Ich sitze und warte jedenfalls immer schon lange, wenn die letzten Schüler durch die mir gegenüberliegende Klassenzimmertür hereinschlurfen und sich in die hinteren Reihen fläzen. Dann werden erst einmal Witze gerissen, *running gags* machen die Runde und wechseln mit den Ermahnungen der Lehrkräfte. Ich erinnere mich. Ich wäre seinerzeit wohl auch eher einer von denen dahinten gewesen, ein Störer, ein Querulant, der sich mit einem Rebellen verwechselt. Es hätte mir Freude bereitet, das verlogen Weihevolle einer solchen Veranstaltung zu sabotieren. Solange, bis sich das wahre Ge-

Bei diesem Projekt werden Kinder und Jugendliche zu Juroren, indem sie selbst ihre Lieblingsbücher wählen. Im Jahr 2002|2003 hat somit die größte Schülerjury Deutschlands abgestimmt und für die beliebtesten Bücher den von Coca-Cola kreierten Lese-Star in Gold, Silber und Bronze vergeben. Bei vielfältigen Aktionen rund um diese Wahl – am Coca-Cola-Lesetag, auf

sicht zeigen würde, die eitle, arrogante und intolerante Fratze des Bildungsspießers mit seinem Kulturdünkel. Ha! – Und heute habe ich also die Seiten gewechselt?

3.

Unter Schriftstellern ist es verbreitet, sich als letzte Repräsentanten einer im Grunde bereits untergegangenen Epoche zu begreifen. Nach ihnen kommt nichts mehr, zumindest nichts, das ihrer Vorstellung von Literatur, ihrer Geschichte, ihrer Tradition, ihrer kulturellen Bedeutung undsoweiter standhält. Nach ihnen der Sumpf des Stumpfsinns. Mein Selbstverständnis war sonderbarerweise immer genau umgekehrt. Als Kind einer vorgezogenen Neue-Mitte-Familie, das mit Dauerfernsehen und Pop aufgewachsen ist und sich mit der Lektüre komplexerer längerer Texte ausgesprochen schwer getan hat, haben Bücher spät, sehr spät Einzug in mein Leben gehalten. Doch nachdem sie einmal da waren, wurden sie sofort zu einem Fenster. Von hier ließ sich der trotz seines Informationsreichtums eigenartig enge Horizont meines ans Durchschnittsbewußtsein angeschlossenen Ichs plötzlich wie von der gegenüberliegenden Seite aus betrachten. Was war mit mir passiert?

In meiner Kindheit habe ich die Welt der Literatur nicht als ein Relikt früherer Zeiten wahrgenommen, als eine Ruine, die über die Buchclub-Ausgaben im elterlichen Wohnzimmerschrank aus der Geschichte noch in meine Gegenwart hineinragte. Es gab sie schlicht und ergreifend nicht. Zwar war mir klar, daß dergleichen einmal existiert haben mußte. Aber die Seiten dieser sogenannten Bücher waren mit so komplizierten Sätzen und Worten bedruckt, daß sie mir beinahe wie Hieroglyphen erschienen. Ich konnte sie nicht entziffern und rührte die Papierziegelsteine, nachdem

Bücherpartys und in Lesenächten – wurden insgesamt über 2 Millionen Bücher »bewegt« – einige von Ihnen waren sicherlich mit ihren Klassen an diesen Projekten beteiligt. Aus einer Broschüre der **Stiftung Lesen** zur Aktion *Schnapp dir ein Buch!*

ich einige Male halbherzig in ihnen geblättert hatte, lange Zeit nicht mehr an. Nein, in meiner Biographie kam die Literatur chronologisch *nach* den Fernsehserien und dem Pop. Nachdem sie bei uns daheim im Mittelstand längst gestorben war und ihrer kaum noch gedacht wurde, grub ich sie mir mehr versehentlich und mit dem Beistand des einen oder anderen Lehrers aus. Es war aber keine tote Welt, die ich da entdeckte. In den Büchern fand ich, was mir überall sonst vorenthalten wurde: ein offenes Gelände, in das ich aufbrechen, in dem ich mich bewegen, weitergehen konnte, auf eine lebendige geistige Weite zu.

Genau so habe ich stets auch mein eigenes Schreiben verstanden. Nicht als Verlängerung einer verschwundenen Geistes- und Lebenspraxis, die noch von einer kleinen Gruppe älterer Mitmenschen gepflegt und von einer Handvoll unter fossilen bürgerlichen Erziehungsumständen aufgewachsenen Vierzigjährigen hochgehalten wird. Sondern als sehr konkret an den Perspektiven gegenwärtiger Lebensbedingungen orientierte Arbeit, aus der sich erst dann auch verwandtschaftliche Beziehungen mit der Tradition herausbilden. Als eine Arbeit mit der progressivsten, will sagen, zukunftsfähigsten, weil unter den heutigen Bedingungen am wenigsten markt- und propagandatauglichen, daher am meisten von der politischen und ökonomischen Macht vernachlässigten Ausdrucks- und Mitteilungsform, die uns zur Verfügung steht: der Literatur.

Deshalb ist der idealtypische Leser vor meinem geistigen Auge jener siebzehnjährige Halbanalphabet, der ich selbst einmal gewesen bin. Dieser Junge, das weiß ich, kann nicht mit leichtverdaulicher Kost zum Lesen verführt werden, auf daß er sich eines Tages vielleicht sogar einmal an die sogenannte Hohe Literatur heranwagt. Es muß ihm etwas gebo-

Vor allem Eltern können bei Vorschulkindern mehr bewirken, als sie glauben: Einfach, indem sie regelmäßig vorlesen und ihr Kind dabei kuscheln lassen. Dadurch entsteht ein positives Grundgefühl, das sich auch Jahre später beim Lesen unbewußt einstellt. **Paul Maar**

ten werden. Etwas, das ihn sozusagen umhaut, das sich einerseits mit seinem Lebensgefühl und den offenen Fragen, die dieses Lebensgefühl aufwirft, berührt, andererseits diese Berührung auf eine frappant andere, das heißt, anders beleuchtende Weise zustande bringt. Etwas, das die Gefühle und Fragen in ein neues, ein außerordentliches Licht stellt. Erhellung, Erkenntnis, Horizont will dieser Jugendliche haben, ohne sich noch wirklich darüber bewußt zu sein.

Dafür ist er bereit, auch schwierige Hindernisse zu überwinden, in diesem Fall sogar richtig lesen zu lernen. Vorausgesetzt, aus dem Buch, dem Text, der ihm zum Beispiel bei einer Schullesung vorgelesen wird, springt ihm etwas von dieser eigenen, rätselhaften Welt entgegen, und er findet den geistigen Schlüssel in seinem Kopf, das Rätsel wenn auch nicht zu lösen, so doch das Rätsel überhaupt erst wahrzunehmen und als existentielle Herausforderung zu begreifen. Das, was über die Schrift im Gehirn als lautlos wiederholte Sprache geschieht, muß in diesen Siebzehnjährigen einschlagen, ein bißchen wie ein Popsong einschlägt, ein *special effect* im Kino, ein erster Rausch. Nur daß die Sensation jetzt aus den eigenen Gedanken, statt aus den künstlich provozierten Sinneswahrnehmungen und Gefühlen stammt. Eine Sensation, die darin besteht, daß der junge Mensch die Augen aufschlägt und die Welt plötzlich anders, deutlicher, schärfer konturiert, wirklicher sieht, bedeutungs- und geheimnisvoller zugleich.

Dazu ist es natürlich erforderlich, daß der Text, den dieser siebzehnjährige Mensch hört oder liest, Wahrhaftigkeit besitzt. Er muß nicht die Wahrheit aussprechen – allenfalls diejenige, daß er die einzige Wahrheit vermittelt, die er haben kann, nämlich daß Wahrheit sich nicht sagen läßt. Er

Zweifellos waren diese schönen Abendstunden im väterlichen Zimmer [in denen Thomas Mann vorlas] eine Anregung nicht nur für unsere Phantasie, sondern auch für unsere Neugierde. Wenn man einmal den Zauber und den Trost großer Literatur gekostet hat, möchte man immer mehr davon haben. [...] Und so fängt man an, für sich selbst zu lesen. **Klaus Mann**

muß vielmehr die Wirklichkeit treffen, besser gesagt, die gelebten Wirklichkeiten. Und die Wirklichkeit dieses Fasterwachsenen darf aus dem Mischmasch der im Text beschriebenen, als Text aufgerufenen Wirklichkeiten nicht ausgeschlossen sein. Denn die Vermischung, diese heillose Verwicklung der eigenen Wirklichkeit mit den anderen Wirklichkeiten spürbar zu machen – gerade das ist es, worauf es ankommt, was am Denken und am Lesen umhauen kann. Literatur, wenn sie gut ist, läßt einen nicht nur in fremde Häute schlüpfen. Sie ermöglicht, daß man aus fremden Häuten und Augen heraus auf die eigene Haut, sich in die eigenen Augen blicken kann, als gehörten sie einem anderen. Oder um es in den Worten Arthur Rimbauds, des großen siebzehnjährigen Dichters aus dem vorletzten Jahrhundert zu sagen: »Ich ist ein Anderer«.

4.

Exakt darin besteht nun die Herausforderung für mich in diesem Leistungskursraum: Ob ich, ob mein Auftritt, mein Text es schafft, jenen Knotenpunkt in den Schülerköpfen zu berühren und den latenten Energiefluß in Gang zu setzen. Es wäre selbstverständlich weltfremd zu glauben, daß das in jedem einzelnen Fall funktioniert. Immerhin kann jedoch eine Atmosphäre entstehen, die es ermöglicht, daß die Sprache, mein als Schriftsteller produziertes Machwerk aus Wörtern, an der einen oder anderen Stelle an ihr Ziel gelangt. Das hängt nicht zuletzt von den Flegeln in den hintersten Reihen ab. Ob sie ihren Sabotageakt für einen Moment aussetzen, ob sie plötzlich anfangen zuzuhören, weil das, was jetzt kommt, nämlich die Geschichte, die ich ihnen vorlese,

Denn diese von außen [aus der Literatur] kommenden Assoziationen und erborgten Gefühle tragen die jungen Leute über den gefährlich weichen seelischen Boden dieser Jahre hinweg, wo man sich selbst etwas bedeuten muß und doch noch zu unfertig ist, um wirklich etwas zu bedeuten. [...] Diese Illusion, dieser Trick zugunsten der Entwicklung fehlte im Institute.
Robert Musil: Die Verwirrungen des Zöglings Törleß

der Sound, der Gegenstand, der Rhythmus, in ihrem Bewußtsein eine Art Rückkoppelung, ein Feedback erzeugt, ein Resonanzphänomen, bei dem sie nach innen lauschen, während sie sich mehr oder weniger erfolgreich bemühen, das von außen Kommende zu begreifen. Der Versuch, diesen Zustand zu erreichen, ist spannend, ist riskant, ist anstrengend – doch in meinen Augen unerläßlich. Immer habe ich das noch nicht existierende und für nicht mehr existenzfähig erklärte, das preisgegebene, junge Publikum für das entscheidende Publikum gehalten. Es ist das Publikum der Zukunft, an ihm hängt die Zukunft der Bücher, der Sprache und der Kultur.

Dann ist mein Vortrag zu Ende, und es beginnt die heiße Phase der Lesung. Das heißt, nach dem Applaus tritt die übliche Stille ein. Sie ist der eigentliche Prüfstein, die tatsächliche Barriere. Ich warte auf Wortmeldungen, doch meistens ist es eine der anwesenden Lehrkräfte, die mit einigen Dankesworten und ersten Kommentaren das Schweigen bricht. Oft klingen sie wie Beschwichtigungsfloskeln und zweifelsohne drängen sie sich in die Verbindung, die zwischen den Schülern und mir jetzt steht, in der bisher aber nur ein Rauschen zu hören ist. Neutrale Erwachsene, die bei meinen Schulauftritten zugegen waren, haben die Ansicht vertreten, es wäre besser, die Lehrer von den Lesungen auszuschließen, denn sie würden die Schüler hemmen, sich frei zu artikulieren. Ich glaube das nicht. Besser gesagt, ich sehe meine Aufgabe nicht darin, eine einseitige Kommunikationsfront aufzubauen. Ein Buch ist eine Brücke, ein Medium, und der Job des Schriftstellers besteht darin, alles dafür zu tun, daß

Die Lesung dauerte dreiundfünfzig Minuten. Totale Konzentration auf den Text, Regungslosigkeit von Anfang bis Ende; weder Gesten, noch Heben der Stimme. Eine Linie halten. Taub sein für das Publikum. Drei Stolperer gegen Ende, Bezug nur zum Text haben. Taub und blind. In einem Zustand nah am Schlaf. Unerwartete Reaktionen der Zuschauer. Fast den Eindruck bekommen, daß, was ich schreibe, sich an menschliche Wesen richten könnte. **Valère Novarina**

es als Medium funktioniert. Schreibend legt der Autor die Leitungen, bei seinen öffentlichen Auftritten sorgt er dafür, daß die Anschlüsse frei bleiben. Mein Roman *Schule der Gewalt* handelt unter anderem von den Kommunikationsstörungen zwischen Schülern und Lehrern. Wenn es mir gelungen ist, sie spürbar und sichtbar zu machen, dann besteht jetzt die Chance, sie zu artikulieren.

Das geschieht natürlich nicht direkt, und es kann niemals so direkt geschehen, wie es im Text geschieht. Die gewalttätigen Entladungen, die dort gezeigt werden, sind die Kehrseite dessen, was hier im Klassenraum nun ansteht. Ich bin nichts weiter als der Spiegel, dem man wie im Märchen Fragen stellen kann, und ich beantworte sie alle, genau und ausführlich. Es gibt keine blöden Fragen, jede ist vollkommen ernst zu nehmen. Und dann fängt es an, zögernd und vereinzelt zuerst, bis der Bann schließlich gebrochen ist und die Leitung brummt. So läuft es meistens. Manchmal steigen nach einiger Zeit sogar die Lehrer in den Dialog ein, manchmal wird ein Tria-, ein Pluralog daraus. Gelegentlich zeichnen sich Frontverläufe ab, weist ein Schüler einen Lehrer in die Schranken oder umgekehrt. Ab und zu kommt eine coole Provokation aus der Flegelfraktion. Doch ich wiederhole: Es gibt keine blöden Fragen, keinen einzigen blöden Spruch. Ich versichere Ihnen sogar, gerade der blödeste Spruch hat in diesem Augenblick die größte Aussagekraft.

Dies entspricht in etwa den von mir gemachten Erfahrungen, so weit ich sie auszudrücken vermag. Ich bin mir dessen bewußt, daß sie keine Allgemeingültigkeit beanspruchen können. In zwei, in fünf, in zehn Jahren können die Bedingungen, unter denen eine solche Veranstaltung stattfindet, völlig andere, unausdenkbar neue sein. Verhaltensformen können erstarren, und Scheitern ist ein Prinzip, das die

Selten ist es in den letzten Jahren einem »unserer« Autoren gelungen, seine Zuhörer so zu begeistern wie Thomas Hürlimann. Zum Teil lag das auch an den besonders guten Fragen, die es dem Dichter erlaubten, kleine Geschichten aus seinem Leben zu erzählen, z. B. auf die Fragen, die von

Sinne wach und das Denken beweglich hält. Doch bisher bilde ich mir ein, daß es mir bei Schullesungen tatsächlich des öfteren gelingt, eine Atmosphäre von wacher Aufmerksamkeit zu erzeugen. Darauf bin ich stolz. Mehr jedenfalls als auf alle Preise und lobende Kritiken und nationale oder internationale Lesereisen. Und womöglich lümmelt hinten im Klassenraum hin und wieder sogar einer meiner jugendlichen Doppelgänger. Jener siebzehnjährige Halbanalphabet, der ich selbst einmal gewesen bin und für den plötzlich wie durch Mausklick ein Fenster aufgeht.

Schülern der 6. und 7. Klassen gestellt wurden: Warum sind Sie nicht Politiker geworden wie Ihr Vater? Was war Ihr peinlichstes Erlebnis bei einer Dichterlesung? Haben Sie einmal bei einem Ihrer Stücke mitgespielt? **Schülerzeitung Gymnasium Weilheim**

Benedikt Geulen

Lesen lassen, lesen machen

EINE AGENTUR. Ein knackiger Titel. Tausende Programmhefte. Ein gutes Dutzend Sponsoren. Karten an allen Vorverkaufsstellen. Einen Monat lang Großplakate in der ganzen Stadt. Pressekonferenz. Zeitungsartikel. Radio- und Fernsehankündigungen. Hundert Veranstaltungen in einer Woche. Zigtausende Besucher. Ausverkaufte Säle. Neuer Rekord.

Festivals machen Furore, Literaturhäuser großes Programm, Theaterensembles veranstalten szenische Lesungen aktueller Bestseller. Eine Entwicklung, die in ihrer Breitenwirkung wohl erfreulich ist. Unbeholfene Buchhandels-Slogans wie »Wir besorgen jedes Buch über Nacht« oder »Lesen ist wie Reisen im Kopf« waren nie besonders imposant. Heute rufen sie da, wo sie noch nicht von der Eingangstür entfernt wurden, ein mitleidiges Lächeln hervor.

Wie soll es gehen, wenn die eigene kleine Buchhandlung nicht gerade die beste (völlig unerschwingliche) Verkaufslage hat und zu allem Überfluß auch noch einen Schwerpunkt auf Belletristik legt? Autorenlesungen waren und sind für ambitionierte Buchhändlerinnen und Buchhändler durchaus ein probates Mittel, ihrem Geschäft ein besonderes Profil zu geben, und dem Kundenkreis mehr als nur eine gute Auswahl zu bieten, ja ihn vielleicht sogar dadurch zu erweitern. Wenn man sich heute allerdings in seiner Stadt umsieht, fällt auf, daß dieses Feld von den meisten Buchhandlungen zunehmend den oben genannten Veranstaltern überlassen wird, wahrscheinlich überlassen werden muß. Einerseits sind viele der Autoren, und natürlich gerade die, die wirklich Publikum anziehen, bereits von Großveranstaltern gebucht. Und wo sollen all die vielen tausend zu erweckenden Neu-

und Erstleser, Buchentdecker und Literaturenthusiasten herkommen und hingehen? Was nicht in Leuchtlettern auf Plakaten steht, wird unversehens zum *special interest* degradiert, und so schrumpft sich manches kleine Angebot wenn nicht gesund, dann eben ganz weg. Der Effekt allerdings könnte etwa so ausfallen wie die vieldiskutierte und in der Branche zu recht gefürchtete Abschaffung des festen Ladenpreises für Bücher. Was einmal weg ist, wird es so schnell

nicht wieder geben. Will sagen, parallel zur massiven Polarisierung von Groß- und Kleinbuchhandlungen, die die Branche durchgemacht hat, verlagert sich offensichtlich (und vielleicht folgerichtig) auch das genuin buchhändlerische Individual-Angebot der Autorenlesung in Richtung agenturgesteuerter Großlogistik. Oder marketingtechnisch ausgedrückt: Power-Placement von Spitzen-Produkten löst schwer kalkulierbare flächendeckende Programmpflege ab. Was dadurch gewonnen wird und was verlorengeht, spielt möglicherweise nicht nur eine unbedeutende Nebenrolle bei der Entwicklung einer ohnehin umsatzschwachen Branche. Vielmehr ist eine solche Verschiebung durchaus exemplarisch für das, was in der Kulturlandschaft auf allen Ebenen geschieht. Es besteht die Gefahr, daß ein vielfältiges, weil individuell und subjektiv ausgewähltes Angebot stark reduziert wird, womöglich verschwindet, und an seine Stelle ein komplett institutionalisiertes und durchdesigntes Programm tritt, das sich an verschiedenen Orten mit nur geringen Variationen zyklisch wiederholt. Die immer wieder beschwörungsartig vorgebrachte Formel, das eine (die Großveranstaltung) würde dem anderen (dem kurzfristig geplanten und in überschaubaren Dimensionen durchgeführten ganzjährigen Programm) nicht schaden, ist im Grunde nur

Die Natur verschwendet: Es kommt ihr nicht darauf an. Wenn ich nämlich in einem Saale vor 500 Menschen 10 wirklich zum Gedicht und damit zu ihrer eigenen Seele bekehrt habe, so ist es genug. Die Wirkung des echten Dichters geht ja nicht in die Breite, sondern in die Tiefe, ins Herz hinab.
Josef Weinheber

Teil eben der Werbekampagne, die das Problem erst in die Welt gesetzt hat. Fakt ist wohl eher, daß am Ende einer solchen Entwicklung allgemein nicht mehr Autoren wahrgenommen und Bücher verkauft werden, sondern allenfalls mehr Bücher von weniger Autoren den Besitzer wechseln, und in Summe dabei etwa der gleiche Umsatz herausspringt, allerdings für weniger beteiligte Autoren, Verlage und Buchhandlungen. Nennen wir es einfach »Konzentration«.

Aber es soll ja nicht nur negativ gedacht werden. Jenseits von Weltschmerz und Sentimentalität könnte es immerhin auch heute noch ein paar plausible Argumente geben, die für eine mehr oder weniger regelmäßige Durchführung einzelner Autorenlesungen in Buchhandlungen sprechen. Um es einmal idealistisch auszudrücken: eine Buchhandlung funktioniert im besten Falle als Kommunikationsplattform. Ein simples Kundengespräch – das nebenbei bemerkt in einigen großen Häusern der Branche, wie man hört, generell nicht mehr erwünscht ist, da zu zeit- und kostenintensiv – kann, zumindest wenn es um persönliche Lektüre geht, sehr schnell eine inhaltliche Dimension erreichen, die das schlichte »Sie suchen, wir verkaufen« um einiges übersteigt. Es macht nun einmal einen Unterschied, ob ein Verkäufer etwa die Funktion eines Taschenrechners erläutert, oder ob er versucht, jemanden zur langwierigen Lektüre des umfangreichen Romans eines noch unbekannten Debütanten zu animieren. Ein nicht ganz leichtes Unterfangen, das allerdings oft zu einer Form der Kommunikation führt, die, wenn sie glückt, ein längerfristiges Vertrauensverhältnis werden kann. Das hehre Wort ist durchaus am Platze, denn wer möchte schon auf Dauer das Risiko eingehen, ohne eine verläßliche Vermittlerinstanz viel Lesezeit und auch noch einiges Geld für bedrucktes Papier einfach so aufs Spiel und

Große Buchkaufhäuser, die sich von keinem kulturellen Selbstverständnis mehr einlullen lassen, gewinnen mit dem lebenden Autor zu geringen Kosten ein Stück jener Intimität zurück, die zum Geschäft ansonsten nicht mehr paßt. **Hubert Winkels**

eventuell in den Sand zu setzen. Hier gilt es natürlich gleich wieder eine Einschränkung zu machen: Die Zahl derer, die die Buchhandlung mit einem Einkaufszettel betreten, den ihnen Rezensenten diverser Massenmedien oder, wie oben erwähnt, die Literaturfestivalprogramme diktiert haben, ist in den letzten Jahren um ein Vielfaches gestiegen. Und damit ist der individuelle Kommunikationsbedarf gesunken. Nicht zuletzt diesem Umstand gilt es, wenn man den erläuterten Kommunikations-Idealismus nicht komplett ad acta legen möchte, entgegenzutreten. In diesem Zusammenhang sei auch die schon etwas angestaubte Parole »Bücher sind nur dickere Briefe an Freunde« (Jean Paul) zitiert. Wenn eine Buchhandlung es sich zum Ziel setzt, dauerhaft eine bestimmte programmatische Vielfalt anzubieten, darf sie nicht zur bloßen Abholstation für Bestseller und preisreduzierte Restauflagen degenerieren. Bücher haben wie dicke Briefe eine »message«, und die gilt es rüberzubringen. Genau das kann und sollte ein Teil der buchhändlerischen Betätigung sein. Und jetzt kommen wir endlich zu dem, was man vielleicht die »Königsdisziplin« innerhalb dieser Kommunikationsanordnung nennen könnte, die Autorenlesung. Was kann bei einer Beschäftigung mit Literatur eigentlich motivierender sein, als in einen direkten Dialog zwischen Autor und (potentiellem) Leser einzutreten, bzw. ihn zu inszenieren? Selbstverständlich gibt es auch hier die ganze Skala von hochinteressant bis langweilig. Aber es ist allemal eine Gelegenheit, bei all dem alltäglichen Geplauder an einem besonderen und wahrscheinlich einmaligen Diskurs mit überdurchschnittlich hohem Erlebniswert teilzunehmen. Und eine Buchhandlung wird natürlich Wert darauf legen, ihren Kunden nicht irgendein Thema und irgendeinen Autoren zu

Sie haben dich eingeladen
Und bieten dir nichts
Als nur den Schein ihres Lichts
Und wollen doch in dir baden.
Joachim Ringelnatz

bieten, sondern ganz gezielt Gelegenheiten suchen und wahrnehmen, um möglichst die Autoren der interessantesten Bücher aus ihrem Sortiment zu präsentieren. Mit einem solchen Veranstaltungsprogramm wird die Buchhandlung wahrscheinlich ihr Profil in erheblichem Maße schärfen und zumindest auf Dauer auch einige Aufmerksamkeit für sich, ihr Sortiment und »ihre« Autoren erzeugen. Letzterer Effekt, daß eine Buchhandlung, die über eine längere Zeit Autorenlesungen veranstaltet, so etwas wie »Stamm-Autoren« haben kann, klingt nun vielleicht hoffnungslos altmodisch und etwas verwegen. Es ist aber, wenn man sich einmal unter Autorinnen und Autoren umhört, durchaus der Fall, daß diejenigen, die häufiger oder gar regelmäßig auf Lesereise gehen, sehr gerne in bestimmte Buchhandlungen zurückkehren und sich auf die wiederholten Begegnungen mit bestimmten Buchhändlern und ihrem Publikum freuen. Das *Börsenblatt des Deutschen Buchhandels* veröffentlichte vor einigen Jahren einmal eine Umfrage unter Autoren, die dies deutlich belegte. Das alles muß und soll keineswegs die Bildung festgefügter und eingeschworener Lesezirkel bedeuten. Vielmehr ist es eine Möglichkeit, die Buchhandlung als Kommunikations-Drehscheibe zu profilieren und daraus auf längere Sicht gut und gerne auch ökonomischen Gewinn zu schöpfen. Kaum jemand wird über ein Buch Fundierteres sagen können als sein Autor, und schließlich verkaufen sich signierte und gewidmete Bücher gemeinhin noch besser als »original«-verschweißte.

Idealismus ist nicht modisch. Aber er ist es wohl immer noch, der den Spaß ausmacht an einem Job, durch den letzten Endes noch kaum jemand reich geworden ist. Fassen wir es so zusammen: Wenn das in Mode gekommene Wort der

Geschäftsbeflissene Ausbeuter gleichgesinnt snobistischen Bildungsbetriebes veranstalteten kaltblütig das Wagestück, einen der bewußt repräsentativsten Vertreter deutschen Schrifttums, Thomas Mann, in die Gefahr einer völlig unverdienten Blamage zu bringen, indem sie ihn zwangen, in dem ihm anscheinend unbekannten Börsensaal vor einem wohl etwas

»Nachhaltigkeit« in diesen Zusammenhängen einen Sinn und einen Ort hat, dann wohl eher in den Buchhandlungen mit ihrer kontinuierlichen Vermittlungsarbeit als in den ebenso schnell geleerten wie gefüllten Festivalzelten. Nur so hilft »lesen lassen« dauerhaft beim »lesen machen«.

überraschten Publikum zu lesen. Der Saal erfüllte seine Hauptaufgabe; möglichst viele (zukünftige) Abonnenten zu fassen, in zuvorkommender Weise, machte es aber dem Dichter infolge seines Stils und seiner Ausdehnung ganz unmöglich, die erlesene Kammermusik seiner fein ziselierten, zartfarbenen Wortkunst zur Wirkung zu bringen. **Bertolt Brecht**

Stephan Porombka

Vom Event zum Non-Event-Event und zurück – Über den notwendigen Zusammenhang von Literatur und Marketing

1. Eine sonderbare Perversion

MACHEN WIR uns nichts vor. Auch wenn »Event« zum »PR-Wort der letzten Jahre« gekürt worden ist,[1] wenn »Events auf die Besucher wie eine moderne Konsumdroge« wirken,[2] wenn gar vom »Trend zum Event« gesprochen wird,[3] von dem alle Bereiche der Gesellschaft längst so stark erfaßt sind, daß sich ihm nichts und niemand mehr entziehen kann – es bleibt dabei: Wann auch immer davon in Verbindung mit Kultur die Rede ist, hat man es mit einem bösen Kampfbegriff zu tun. Mit »Eventisierung der Kultur« ist ihr steter Verfall gemeint. Und das Label »Eventkultur« gibt den Zustandsbegriff für eine Gesellschaft, die antrat, mit Kunst und Literatur die höchsten Höhen des Menschenmöglichen zu erreichen, und die nun ihr Bestes, Schönstes und Wahrstes bei einem Schaustellerwettbewerb auf dem Jahrmarkt verhökert. Event, das ist das »zur Sensation hoch inszenierte Nichtereignis, und die größte Kunst im Medienspiel ist das lauteste Krähen«.[4] Hier wird, so scheint es, »die Kunst zum bloßen Anlaß für den Konsum (...), zum Alibi«, weil sie »in sonderbarer Perversion der alten Horazi'schen Ästhetik des *utile cum dulci* und des *prodesse et delectare*, Zucker auf eine Sache streut, die sonst keinem mehr schmeckt.«[5] Und das passiert en masse: »Anschwellende Programmhefte, ausufernde Veranstaltungskalender, zunehmender Festivaltourismus, Boom der Multiplex-Kinos, Expo, Millenium Dome – was ist«, so fragt sich da der kritische Betrachter mit Blick aufs Literarische, »was ist aus dem Erzählen geworden?«[6]

Der kritische Betrachter ahnt Böses. Die Veranstalter von Lesungen sind längst auf der Suche nach anderen Orten, nach anderen interessanten Locations, an denen Literatur noch niemals stattgefunden hat und deshalb umso aufregender wirkt. Lesen am Tresen kennt mittlerweile jeder. Literatur im Waschsalon auch. Wer Neues bieten will, muß Lyrik ins Leichenschauhaus bringen, phantastische Prosa im Zoo präsentieren, schnelle Texte in der U-Bahn rattern lassen. Hoch am Himmel, tief im Keller, zum Dauerbeat in der Disco, zum Brummen des Kühlwerks im AKW. Wichtig ist, das Publikum erlebt etwas, was es so noch nie zuvor erlebt hat – und niemals wieder erleben will, weil es beim zweiten Mal schon langweilt. Wenn die Forderung von Matthias Politicky lautete »Literatur muß sein wie Rockmusik«,[7] dann müssen sich Lesungen am Fernsehen orientieren: die Dichtung als Clip, die Dichter als Stars, Entertainment steht im Vordergrund, backstage steht die Qualität des Textes. There's no business like Showbusiness, und dieses Geschäft hat eben seine eigenen Regeln.

2. Es geht um die Gefühle der Konsumenten

Vielleicht muß man sich nicht wundern, daß bei solchen Szenarien der Begriff »Event« im Kulturbetrieb zum bösen Kampfbegriff geworden ist. Denn er bietet, wo er von Kritikern zur kulturellen Zustandsbeschreibung benutzt wird, in Kurzform gleich noch die Erklärung für die eigentliche Antriebskraft der Eventisierung mit. Wenn das Event eine »moderne Konsumdroge« sein soll und mit ihm die »Kunst zum bloßen Anlaß zum Konsum«, dann heißt das: Hier über-

Stuckrad-Barres performativer Gestus stößt die verfängliche Festigkeit seiner Schriften in die immer neu zur Offenheit drängende Ungenauigkeit von Stand-up-Pointen und situativen Interventionen. Wie ein Diskjockey die Platte als Reproduktionsmedium mit seinem Mix zu neuem Leben erweckt, verlangt Stuckrad-Barre dem Medium Text eine Unmittelbarkeit ab, die vergessen läßt, daß er gelebtes Leben verwaltet. Das Stottern Barres ist das Atmen des Textes. **Ulf Poschardt**

nimmt Regie, was eigentlich nicht so gern der Kultur zugerechnet wird – das Geld.

Tatsächlich ist »Event« ein Modebegriff des Marketing. Mit ihm werden »inszenierte Ereignisse« bezeichnet, »die durch erlebnisorientierte Veranstaltungen emotionale und physische Reize darbieten und einen starken Aktivierungsprozeß auslösen.«[8] Und zwar mit einem ganz bestimmten Ziel. Es geht um »die Gefühle der Konsumenten. Es soll dem Konsu-

menten sinnlich vermittelt werden, daß er Produkte bzw. Dienstleistungen erwirbt, die zu seiner Lebensqualität passen, und zwar in einer den Konsumenten befriedigenden Verkaufsinteraktion bzw. in einem Geschäft, das ihm besonders zusagt«.[9]

Da schauert es die schöne Seele. Abgerufen wird der alte Reflex, der sich immer einstellt, sobald offen über die Verbindung von Literatur und Konsum, von Kunst und Markt geredet wird. Denn wenn es das ist, was die Regie übernimmt, dann heißt das tatsächlich: Eventisierung ist die Inszenierung von Literatur zum Zwecke ihres Ab- und Ausverkaufs. Etabliert oder stabilisiert werden soll mit jeder Eventlesung eine literarische Marke, die aus Autor und Text zusammengefügt und auratisch aufgeladen ist. Die Veranstaltung macht ein Angebot für ein Lebensgefühl, für ein besonderes Erleben des eigenen Lebens, für das an der Abendkasse bezahlt wird und das durch den anschließenden Kauf des literarischen Produkts gegen den profanen Alltag, der schon am Ausgang drohend wartet, abgedichtet werden kann. Wenn das induzierte Lebensgefühl dann irgendwann nachläßt, kann man zur nächsten Lesung gehen oder im Buchhandel vom selben Autor das nächste Produkt erwer-

Lasse errang am Sonntag, den 11.5., seinen Sieg in der sechsten Dichterschlacht natürlich ganz und gar ausschließlich Dank des unfairen Hinweises an das weibliche Publikum, daß Timo Brunke verheiratet sei. Timo, mit einem Schlag um seine Fanschar gebracht, belegte schließlich nur den dritten Platz – hinter dem Berufs-Tschechen Jaromir Konecny.

Bericht vom Poetry-Slam Darmstädter Dichterschlacht

ben. Man fragt beim Händler die etablierte Marke nach, weil nur die hält, was sie verspricht. »Wir verkaufen keine Motorräder«, soll der Chef von Harley Davidson einmal gesagt haben, »sondern eine Lebensphilosophie – und gratis gibt's ein Motorrad dazu.« Und vom Designer Wolfgang Joop ist überliefert: »Ich verkaufe den Leuten nicht bloß Parfums, sondern Geschichten.«[10] Beim Event werden diese Geschichten so inszeniert und so erzählt, daß man sie in Form von Kulturkonsum miterleben kann.

Das also, so läßt sich dem kritischen Betrachter antworten, ist aus dem Erzählen geworden: selbst ein Event, über das ein Lebensgefühl inszeniert und konsumiert wird. Das Buch gibt es gratis dazu. Vielleicht auch noch ein T-Shirt.

3. Märkte und Marketingmythen

In diesem Szenario den Untergang der Literatur, in der Eventkultur ihr Ende zu sehen und damit aus dem »Event« einen Kampfbegriff zu machen, ist nicht nur falsch. Es zeugt auch von einer Naivität, die sich konsequent gegen die Verbindung von Kunst und Geld verwahren muß. Und zwar kontrafaktisch und geschichtsblind. Denn erst die Entwicklung eines Marktes für Kulturprodukte seit dem 18. Jahrhundert führt zu der komplexen Ausdifferenzierung und obendrein zur Idee der Autonomie der Künste,[11] von der heute nur noch der Naive glauben darf, sie mache überhistorisch, jenseits aller Geschichte das Wesen der Kunst aus. Kürzer gesagt: Erst in dem Moment, in dem Kunst und Geld eine marktgerechte Verbindung eingehen, erwerben Kulturprodukte ihre besondere Aura, ihr Markenimage. Das tun sie, indem sie leugnen, überhaupt etwas mit Geld zu tun zu haben. Auf dem Markt treten die Künstler seither gern so in Erscheinung, als hätten sie dort eigentlich nichts zu suchen. Und ihre Produkte werden gekauft, weil man mit ihnen das Lebensgefühl

Lichtspiele und Rundfunk brauchen sich nicht mehr als Kunst auszugeben. Die Wahrheit, daß sie nichts sind als Geschäft, verwenden sie als Ideologie, die den Schund legitimieren soll, den sie vorsätzlich herstellen. Sie nennen

verbindet, jenseits wirtschaftlicher Zweckrationalität höheren Werten zu huldigen.

»Literarisches Kultmarketing«[12] gibt es demnach nicht erst, seit ein paar junge Popliteraten Werbung für Modefirmen machen, sich auf Fotostrecken wie Stars inszenieren und ihre Lesungen in Shows verwandeln. Da täuschen die Nähe zur Gegenwart und der verklärende Blick auf die Vergangenheit. Seit die Idee vom Originalgenie etabliert ist – und das geschieht parallel zur Etablierung eines Marktes für Kunstprodukte –, werden Autoren als Stars inszeniert.[13] Und seither kann der Literaturhistoriker ihre Auftritte als Event begreifen, die das doppelte Ziel haben, für das auch heutige Events entwickelt werden: das Genie als solches leibhaftig in Szene zu setzen und darüber das literarische Produkt einmal mehr derart auratisch aufzuladen, daß es sich auf dem Markt gegen Konkurrenzprodukte durchsetzen kann.

Gegen die geschichtslose These vom reinen Wesen der Kunst ließe sich deshalb, der Zuspitzung halber, das schlichte Gegenteil behaupten. Eventisierung als Strategie des literarischen Kultmarketing gibt's genau in dem Moment, in dem sich die moderne Literatur etabliert. Einziger Unterschied zur heutigen Eventisierung: Konnte die Literatur lange Zeit ihr Image durch ein Kultmarketing der Marktleugnung auratisieren, so wechselt sie heute – selbstreflexiv – zur offeneren Selbstvermarktung. Man könnte auch sagen: Literatur wird heute abgeklärter in Szene gesetzt.[14] Und damit ist sie um einiges weniger naiv als viele ihrer Verteidiger, die sie immer noch vor dem bösen Markt beschützen wollen.

4. Die böse Pointe

Setzen wir ruhig noch eins drauf. Aus dem »Event« einen Kampfbegriff zu machen, ist nicht nur naiv. Es ist auch fahrlässig. Denn nicht nur leugnet man die historische Verbin-

sich selbst Industrien, und die publizierten Einkommensziffern ihrer Generaldirektoren schlagen den Zweifel an der gesellschaftlichen Notwendigkeit der Fertigprodukte nieder. **Max Horkheimer und Theodor W. Adorno**

dung von Literatur und Markt, was ja noch durchgehen mag, wenn man die private Genußhaltung (also das ganz eigene, durch Literaturkonsum induzierte Lebensgefühl) gegen die Realität beschützen möchte. Aber man verkennt auch, daß Literatur sich immer in Konkurrenzen befindet, die ein intensiveres Marketing notwendig machen, insofern sie überhaupt gelesen und gehört werden soll.

Um ein Buch gegen die vielbeschworene »Bücherflut« und gegen andere Medien durchzusetzen, muß man die Gesetze der Aufmerksamkeitsökonomie kennen. Mit denen kennt sich das Marketing aus. Genau deshalb ist es nicht nur von Anfang an ein enger Verbündeter der Literatur gewesen. Es ist auch ein wichtiger Verbündeter geblieben und mit der Zeit sogar immer wichtiger geworden.

Wer das leugnet, handelt auf fahrlässige Weise, weil er meint, Literatur habe durch ein ausgezeichnetes Wesen, durch ein Image der Marktdistanz ein grundsätzliches Anrecht darauf, wahrgenommen und konsumiert zu werden. Und er überläßt es damit, fahrlässig eben, in einer äußerst scharfen Konkurrenz um Aufmerksamkeit sich selbst. Auf diese Weise beschwören gerade jene, die vom Untergang der Literatur in der Eventkultur reden, ihren Untergang tatsächlich herauf. Nicht selten übrigens mit einer geheimen Lust an der Katastrophe. Das ist die böse Pointe vom bösen Kampfbegriff.

5. Kulturkritik schlägt heute alles mit Ähnlichkeit

Der alte kulturkritische Reflex, der sich einstellt, wo Literatur mit dem Markt in Berührung kommt, arbeitet mehr oder weniger bewußt mit der Berufung auf die heilige Schrift, Buch der Apokalypse – auf Adornos und Horkheimers Kul-

Diese Erklärung entfesselte einen unglaublichen Tumult, und schon standen sich, wutglühend, zwei Schwärme gegenüber, wild entschlossen, für oder gegen die neue Dichtung die Kräfte der Muskeln einzusetzen.
Hans Carossa beschreibt einen Zwischenfall während einer Lesung von Richard Dehmel in München im Jahre 1900. Dehmel wollte die Lesung aufgrund von Unruhe und Hohngelächter im Publikum abbrechen.

turindustriekapitel der *Dialektik der Aufklärung*, in dem es bekanntlich heißt: »Kultur schlägt heute alles mit Ähnlichkeit.« Selbst die »emphatischen Differenzierungen« der Kulturindustrie, mit denen das Publikum eingeteilt wird, »gehen nicht sowohl aus der Sache selbst hervor, als daß sie der Klassifikation, Organisation und Erfassung der Konsumenten dienen. Für alle ist etwas vorgesehen, damit keiner ausweichen kann, die Unterschiede werden eingeschliffen und propagiert.« Die nach diesen Klassifizierungen »mechanisch differenzierten Erzeugnisse«, erweisen sich folgerichtig »als allemal das Gleiche«.[15]

Der griffige Gedankentrick ist klar. Die Untersuchung jedweder Differenzierung kann man sich unter Berufung auf solche Sätze sparen, insofern man davon überzeugt ist, daß Unterschiede, sobald sie kulturindustriell induziert sind, ohnehin immer auf ein und dasselbe zielen, nämlich auf die Herstellung des uniformierten Einerlei.

Mit »Eventkultur« als Kampfbegriff verfährt man heute immer noch und immer wieder ganz ähnlich. Wo alles Event wird, sieht man alles dem Markt unterworfen. Wo alles dem Markt unterworfen ist, muß man sich um Details nicht mehr kümmern. »Eventisierung« macht nun mal aus allem eins, da kann man dann auch nur noch von dem einen großen Brei reden, in dem die Literatur langsam aber sicher versinkt.

Doch der Nachteil dieses Verfahrens liegt auf der Hand. Man sieht nämlich grundsätzlich nur schwarz, wo es eigentlich Nuancen und Schattierungen zu sehen gäbe. Deshalb kümmert man sich vor lauter Schwarzseherei grundsätzlich nicht darum, daß im Bereich des Marketing – und damit auch in dem Bereich, der für Events zuständig ist –, mit Differenzierungen gearbeitet wird, über die man Bewegungen des Marktes einzuschätzen und Zielgruppen zu definieren ver-

Wer künftig in München lesen will, wird gut thun, diesen Vorfall in Erwägung zu ziehen, zumal unsere Tagespresse das Publikum in seinen Sultansansichten bestärkt. **Leopold Weber** über die Nachwirkung der abgebrochenen Dehmel-Lesung

sucht, um gemäß dieser Bewegungen und Zielgruppen gelungene Produktkonzepte zu entwickeln.[16]

6. Eventhermeneutik

Wer aber auf den kulturkritischen Reflex verzichtet und auf Differenzierungen acht gibt, kann sehen, daß die Eventisierung der Literatur nicht zu ihrer Vereinheitlichung führt. Das Gegenteil ist der Fall. Im Bereich des Eventmarketing ist eine komplexe Eventhermeneutik entwickelt worden, über die sich etablierte Literaturveranstaltungen komplex analysieren und neue Formen des literarischen Events entwerfen lassen. Diese Hermeneutik orientiert sich (der Einfachheit halber grob gesagt) an den Kategorien der Einzigartigkeit, der Episodenhaftigkeit, der Gemeinschaftlichkeit und der Interaktion, ohne sie normativ für eine Veranstaltung in Rechnung zu stellen. Ob es sich um eine einmalige Veranstaltung handeln soll oder um eine Serie von Events; ob die einzelnen Szenen der Veranstaltung kurz und knapp gestaltet und rhythmisiert werden oder ob es sich um ein Event mit nur einem einzigen Szenenblock handelt; ob Gemeinschaftlichkeit darüber hergestellt wird, daß man sich nebeneinander kontemplativ auf das Eventangebot konzentriert oder ob das Publikum in das Geschehen eingreift; ob schließlich Interaktionssequenzen zwischen den Eventakteuren auf der Bühne oder zwischen Akteuren und dem Publikum initiiert werden – all das wird über eine komplexe Analyse der Situierung und des Ablaufs einer Veranstaltung herausgearbeitet. Und wo es um die Entwicklung neuer Events geht, da wird die Beziehungsstruktur von Firma (oder Kulturinstitution), Pro-

Dehmel ist eine reiche, komplizierte Natur. Den Münchenern hat er sie nicht von ihrer bedeutendsten Seite zu enthüllen vermocht. [Seine abgebrochene Lesung] wird ihn belehrt haben, daß man wohl einer der ersten Lyriker von sicherer Kraft sein kann, aber als Vortragender doch im Dilettantismus keine genügende Hilfe hat, um über kritische Stimmen siegreich Herr zu werden. **Michael Georg Conrad** zu den »Sultansansichten« des Münchener Publikums

dukt, Image und Erlebnispotential ermittelt, um diese dann mit Hilfe der Kategorien Einmaligkeit, Episodenhaftigkeit, Gemeinschaftlichkeit und Interaktion in einem Event umzusetzen, der dem Anspruch und den Zielen des Veranstalters gerecht zu werden versucht. Aber Achtung! Anspruch und Ziel sind dabei von Fall zu Fall verschieden – deshalb auch das Ergebnis der kombinatorischen Arbeit der Eventhermeneutik, die Schritt für Schritt vorgenommen wird: Bestimmung des aktuellen Imagekonzeptes und Markenwertes; Beschreibung der Zielgruppe; Konkurrenzanalyse; Entwurf erweiterter oder vollständig veränderter Imagekonzepte oder Markenwerte;[17] assoziative Generierung möglicher Erlebniskonzepte; Eingrenzung des Möglichkeitenfeldes; Operationalisierung, Dramatisierung und Visualisierung der Konzepte; systematische Überprüfung, Beurteilung und Auswahl; Test verbleibender Alternativen; Ableitung eines Schlüsselbildes für die Umsetzung; Umsetzung in Kommunikationsmittel; Budgetierung, Locationscouting; Anfertigung eines Exposés; Präsentation; Umsetzung.[18]

Schon aus diesem groben Überblick über die Kombinatorik der Eventhermeneutik folgt: Wer »Event« immer nur mit Show und Klamauk gleichsetzt, versteht vom Marketing und vom Event nur wenig. Eigentlich überhaupt nichts. Denn wer nur richtig hinschauen mag, erkennt, daß sich schon mit Hilfe dieser Anhaltspunkte nicht nur eine unendliche Zahl ganz unterschiedlicher Events untersuchen und entwerfen lassen. Mehr noch. Man kann nämlich auch das Gelingen oder Mißlingen von Veranstaltungen relativ genau bestimmen. Planung, Organisation, Durchführung und Auswertung von Veranstaltungen werden nicht mehr intuitiv erledigt. Sie sind Schritt für Schritt überprüfbar.

Kunst heute ist Kunstbetriebskunst. Ihre soziale und ökonomische Verwertung ist den Werken eingeschrieben. Überproduktion allenthalben. Die Überdrehung der Moderne nutzt deren Erfindungen als Effekt. Andy Warhols »Affirmation« war eine provokative Geste. Heute ist sie Routine. Selbst die Verweigerung dient als Verkaufsstrategie. **Wolfgang Max Faust**

Folgerichtig bedeutet »Eventisierung« erst einmal und vor allem »Professionalisierung«. Und der Begriff »Event« bietet keine inhaltliche Bestimmung – auch wenn er so gebraucht wird, sobald man, naiv und fahrlässig, einen bösen Kampfbegriff aus ihm macht. Mit ihm ist vielmehr das Ergebnis einer unter marketinghermeneutischen Gesichtspunkten entworfenen und durchgeführten und in ihren Ergebnissen überprüfbaren Veranstaltung gemeint. Nicht mehr. Aber eben auch nicht weniger.

7. Zwei Beispiele

Mit dieser Hermeneutik läßt sich zum Beispiel der erstaunliche Erfolg jener Literaturveranstaltungen erklären, die Show- und Marketingkonzepte der Popmusik übernehmen. Die sogenannten Slams zum Beispiel, bei denen Autoren auf der Bühne mit fünfminütigen Textperformances gegeneinander antreten, um das Publikum über Sieg und Niederlage entscheiden zu lassen.[19] Als Slammer anzutreten heißt, sich selbst als Star und ein Stück Literatur als Soundclip zu inszenieren. In erster Linie wird dabei nicht auf literarische Qualität geachtet. Auch schlechte Texte können gewinnen, wenn sie nur gut in Szene gesetzt werden. Gedruckt will man sie deshalb nicht sehen. Aber hören will man sie gern. Nicht nur live, sondern auch auf CD. Neuestes Produkt der Slam-Szene ist der Poetry Clip, ein Videoformat, in dem der Autor mit seinem Text so ins bewegte Bild gesetzt wird, daß man sich gut und gerne an das Vermarktungskonzept von Popmusik plus Lebensgefühl in Sendern wie MTV oder VIVA erinnert fühlt.[20]

Mit Slams lassen sich die Säle füllen. Bis zu zehn Euro Eintrittsgeld wird bisweilen von Leuten bezahlt, die noch niemals ein Literaturhaus von innen gesehen oder die Lektüre eines Buches bis zum Ende durchgestanden haben. In

... nach dem Event-Charakter von Literatur befragt, [...] dachte ich zuerst daran, wie sehr ich selbst fixiert bin auf das Lautwerden meiner eigenen Texte und daß ich mir davon tatsächlich eine Überprüfung ihrer (nicht nur ästhetischen!) Richtigkeit verspreche. **Burkhard Spinnen**

diesem Sinn erreichen diese Veranstaltungen – durch die konsequente Übertragung etablierter Eventregeln aus einem literaturfremden Bereich – auf geradezu wunderbare Weise ein Zielpublikum, das man für den Konsum von Literatur schon längst verloren geglaubt hat.

Doch falsch liegt, wer glaubt, der Slam ließe sich mit seiner Orientierung an der Popmusik- und Videoclipkultur zum Symptombild für die Literatur in der Eventkultur erklären, das alle literarischen Veranstaltungen der Form nach zu kopieren haben. Die Slammisierung der Literatur findet nicht statt. Auch hier ist das Eventmarketing schlauer, als der kritische Betrachter der Eventkultur vermuten mag.

Denn nicht nur der Slam boomt. Auch die traditionelle literarische Lesung hat, wo sie nur gut genug geplant ist – und das heißt: bewußt an den Regeln des Eventmarketing ausgerichtet ist –, wieder an Anziehungskraft gewonnen. Als Judith Hermann im Frühjahr 2003 ihren neuen Erzählband *Nichts als Gespenster* veröffentlichte, stand das Publikum für ihre Lesungen Schlange. Doch geboten wurde keineswegs das, was der kritische Betrachter der Eventkultur erwarten wollte. Keine Popmusik, kein Videoclip, kein schriller Kult um einen Star. Statt dessen folgten die Hörer den Prinzipien der Versenkung, der Kontemplation, der Ehrfurcht und Andacht. Judith Hermann trat auf, als wolle sie als Person ganz in den Hintergrund treten, um nichts als den eigenen Text nach vorne zu bringen. Es schien, als wäre mit ihr und ihren Texten die neue Bescheidenheit der Literatur verkörpert, die sich nicht mehr offen dem Markt überläßt, sondern sich in melancholischer Distanz zu ihm plaziert, verloren in der verschwommenen Erinnerung an eine Zeit, in der die Körper

Emil Milan (1859-1917) aus Frankfurt am Main, ursprünglich Kaufmann, entdeckte erst spät, nach Schauspieler- und Spielleitererfahrungen in Köln und Meiningen und einem Philologiestudium in Zürich, seinen Beruf zum Rezitator; er wurde, im neuen Jahrhundert, noch auf Betreiben Erich Schmidts der erste Lektor für Vortragskunst an der Universität Berlin.
Kurzbiographie **Emil Milans**

nur noch als ungreifbare Schatten erscheinen. Das Literarische Colloquium Berlin ließ die Lesung zur Buchpremiere gerade deshalb nicht im eigenen Haus am Wannsee stattfinden. Gelesen wurde in den Sophiensälen in der Berliner Mitte, wo die gemauerten Wände so kalt und nackt sind und der Putz so malerisch von der Decke bröckelt, als seien dort jene Gespenster zuhause, von denen Hermann erzählt.

8. Fatal fraktal

Nun kann man natürlich drauf verzichten, die Lesung von Judith Hermann »Event« zu nennen, und den Begriff statt dessen für offensive Showkonzepte wie den Slam, für Lesungen im U-Bahn-Schacht oder in der Sauna reservieren. Nur sinnvoll ist das nicht. Erst wo alle Veranstaltungen gleichermaßen als Event begriffen werden, zeigt sich, zu welchen Differenzierungen die literarische Lesung in der Eventkultur in der Lage ist, wenn die Beziehungsstruktur von Firma (oder Kulturinstitution), Produkt, Image und Erlebnispotential ermittelt wird, um diese dann mit Hilfe der Kategorien Einmaligkeit, Episodenhaftigkeit, Gemeinschaftlichkeit und Interaktion in einem Event umzusetzen. Und es zeigt sich auch, daß Eventisierung nicht das One-Way-Ticket ins Flachland der Literatur ist. Statt dessen vollzieht sich eine am Markt orientierte Ausdifferenzierung, im Zuge derer sich der Markt rückgekoppelt an den bestehenden Eventangeboten orientiert. So läßt sich der Trend zum literarischen Event, das auf Versenkung, auf Kontemplation und auf Konzentration setzt und den Text wieder in den Vordergrund rückt, als Gegenbewegung zu den Showevents bestimmen. Nach der Hochkonjunktur des literarischen Entertainment durch Pop und Posse wird nun wieder vermehrt die Inszenierung der Eigentlichkeit nachgefragt. So folgt auf den Event-Event der Non-Event-Event. Nach den schrillen Stars, die mit der unbescheidenen Geste intensiver Selbstvermarktung aufge-

Die traumlose Kunst fürs Volk erfüllt jenen träumerischen Idealismus, der dem kritischen zu weit ging. **Max Horkheimer und Theodor W. Adorno**

treten sind, sucht sich das Publikum nun auch wieder die leisen Literaten, deren Texte die eigene Marktorientierung verdecken. Dabei verdrängt aber die eine Veranstaltungsform keineswegs die andere. Ausdifferenzierung heißt – ein Blick in die Veranstaltungskalender und Stadtmagazine der Metropolen beweist es –, daß sie nebeneinander und durcheinander mit verschiedenen Ansprüchen für verschiedene Zielgruppen existieren. Oder um es mit einem modischen Begriff des Marketing zu sagen: Der Markt für literarische Events wird nicht uniform, sondern fraktal. Er wird dynamisiert durch immer neue Konkurrenzen, durch immer neue Trends, durch immer neue Veranstaltungsformen, die von den Konsumenten aus immer neuen Gründen mit immer neuen Ansprüchen nachgefragt oder auch nicht mehr nachgefragt werden.

Diese eher gesetzlose Gesetzmäßigkeit sollte kennen, wer die Eventkultur beobachtet und dabei auch etwas erkennen will. Vor allem sollte sie jenen bekannt sein, die mit literarischen Veranstaltungen Erfolg haben wollen. Zugegeben – solange sich die Literaturhäuser darauf verlassen konnten, das Monopol für Lesungen zu haben, konnten Fragen des Eventmarketing zum Schein ignoriert und Lesungen so intuitiv nach einem überkommenen Literaturverständnis organisiert werden. Und man konnte alles andere als Event-Klamauk abtun. Seit aber privat organisierte Salons, gesponserte Literaturfestivals und subkulturell organisierte Lese-Events die Konkurrenz enorm beleben, muß man sich auch in den Literaturhäusern Gedanken machen, wie man sich professioneller und damit erfolgsorientierter auf einem fatal fraktalen Markt bewegt.

Tatsächlich passiert genau das. Nachdem Kulturinstitutionen wie Opernhäuser, Theater oder Museen ihre Veranstaltungsorganisation (ebenso wie ihr Imagemarketing und das

Ist das Hören von Büchern eine Erweiterung des Lesens, oder ist es dessen Simplifizierung: noch eine clevere Methode, das ganze Leben in Unterhaltung zu verwandeln? **Sven Birkerts**

Merchandising) schon seit Jahrzehnten professionalisiert und dabei an den großen kommerziellen Events aus dem Bereich Sport und Popmusik ausgerichtet haben, so wird auch in den Literaturhäusern verstärkt über eine positive Besetzung der Marketingbegriffe und ihre offensive Umsetzung nachgedacht. Dabei wird aus dem »Event« immer noch gern ein Kampfbegriff gemacht, und jede Eventisierung wird, jedenfalls zum Schein, strikt abgelehnt. Der Marketing-Trick dabei allerdings ist, daß hier an einem Non-Event-Markenimage gearbeitet wird, das seine Aura gerade durch die Leugnung der Marktorientierung speist: Das Literaturhaus als Kirche, die Lesung als Gottesdienst jenseits des modischen Rummels.

Veranstaltungen, auf denen der schönen Seele ein solches Image angeboten wird, um ihr Lebensgefühl zu stabilisieren, besucht der kritische Betrachter der Eventkultur gern. Und gerade dieses Zielpublikum für die Eventisierung zu gewinnen, ist ein voller Erfolg. Aus der Perspektive des Marketings. Und aus der Perspektive der Literatur ohnehin.

[1] Gerhard Schulze: In der Eventfolklore. In: G. S.: Kulissen des Glücks. Streifzüge durch die Eventkultur, Frankfurt a. M. 1999, S.79-104.
[2] Horst W. Opaschowski: Deutschland 2010. Wie wir morgen arbeiten und leben. Voraussagen der Wissenschaft zur Zukunft unserer Gesellschaft, Hamburg 2001, S.204.
[3] Vgl. Peter Kemper (Hg.): Der Trend zum Event, Frankfurt a. M. 2001.
[4] Ulrich Greiner: Frisch gekräht. Über Event und Ereignis. In: Die Zeit, Nr. 46/2000.
[5] Adolf Dresen: Creating Events. Zu einer Pathologie des Kunstverstehens. In: Neue Deutsche Literatur 4/99, S.160.
[6] Gerhard Schulze: In der Eventfolklore, a. a. O., S.80f.
[7] Vgl. Matthias Politycki: Die Farbe der Vokale. Von der Literatur, den 78ern und dem Gequake satter Frösche, Neuwied und Berlin 1998.
[8] Peter Weinberg, Oliver Nickel: Grundlagen der Erlebniswirkungen von Marketingevents. In: Eventmarketing, Grundlagen und Erfolgsbeispiele, hrsg. von Oliver Nickel, München 1998, S.69.
[9] Peter Weinberg: Erlebnismarketing, München 1992, S. 3.
[10] Norbert Bolz: Die Wirtschaft des Unsichtbaren. Spiritualität, Kommunikation, Design, Wissen. Die Produktivkräfte des 21. Jahrhunderts, Düsseldorf 1995, S. 136.
[11] Vgl. Siegfried J. Schmidt: Die Selbstorganisation des Sozialsystems Literatur im 18. Jahrhundert, Frankfurt a. M. 1989; Jochen Hörisch: Kopf oder Zahl. Die Poesie des Geldes, Frankfurt a. M. 1996.
[12] Vgl. Norbert Bolz: Literarisches Kultmarketing. In: Maulhelden und Königskinder, hrsg. von Andrea Köhler u. Rainer Moritz, Leipzig 1998, S. 245-254.
[13] Vgl. Christa Bürger: Der Ursprung der bürgerlichen Institution Kunst. Literatursoziologische Untersuchungen zum klassischen Goethe, Frankfurt a. M. 1977.
[14] So thematisiert sich der gern für seine offensiven Selbstvermarktungsstrategien gescholtene Benjamin v. Stuckrad-Barre in seinem Buch »Live-Album« immer wieder als »Mitarbeiter der Unterhaltungsindustrie«. Und Karen Duve erzählt freimütig von ihren Posings bei Photo-Sessions, bei denen sie sich als Autorin ablichten ließ, die sie noch gar nicht war, aber die sie gern sein wollte. (Literarisches Colloquium Berlin, 8.1.2003)
[15] Theodor W. Adorno/Max Horkheimer: Dialektik der Aufklärung. Philosophische Fragmente, Frankfurt a. M. 1990, S.128, 131.
[16] ... übrigens mit der Einsicht, daß sich der Markt für Kulturprodukte gar nicht uniformieren und einer kulturindustriellen Einheit unterwerfen läßt; vgl. Norbert Bolz: Die Wirtschaft des Unsichtbaren. a. a. O., insbesondere Kap. 5: Die Kunden des 21. Jahrhunderts.
[17] Vgl. Franz-Rudolf Esch, Oliver Nickel: Markenwert und Events. In: Eventmarketing. Grundlagen und Erfolgsbeispiele, a. a. O., S.91-106.
[18] Vgl. Werner Kroeber-Riel: Das Suchen nach Erlebniskonzepten für das Marketing. In: Marketing, hrsg. von Werner Kroeber-Riel, München 1998, S.247-263.
[19] Vgl. Stephan Porombka: Slam, Pop und Posse. Literatur in der Eventkultur. In: Bestandsaufnahmen. Deutschsprachige Literatur der neunziger Jahre aus interkultureller Sicht, hrsg. von Matthias Harder, Würzburg 2001, S.27-42.
[20] Vgl. www.spoken-word-berlin.net

Zuhören können, wie sich die Spache selbst liest

Interview mit Bernt Hahn

THOMAS BÖHM: *Aus welcher Haltung gegenüber den Texten lesen Sie? Sind Sie Interpret, Gestalter, Vermittler?*

BERNT HAHN: Ich bin Genießer des Textes. Die Möglichkeiten, die Ausdrucksmöglichkeiten der Sprache sind im Alltagssprechen ja nur angekratzt. Das ist so, als wenn Sie beim Fensterputzen oder unter der Dusche ein Lied singen und dann hören Sie eine Arie in der Oper. Wenn die Dimensionen, die in der Kenntnis von Rhythmus und Klang und allem anderen, das in der Sprache steckt, wenn diese Dimensionen richtig ausgelotet werden, dann ist Sprache in sich selber ein hochkomplexes und spannendes Drama. Mit Abstürzen, Abgründen, Höhepunkten.

Wenn die Sprache eines Textes gut ist und wenn man es schafft, die Sprache ganz bei sich zu belassen, muß man nichts dazutun. Man kann sich innerlich entspannt zurücklehnen – und ihr zuhören, wie sie spricht. Natürlich muß man sehr konzentriert sein –, das ist fast ein meditativer Vorgang. Die Pausen setzen sich von selbst, die Höhepunkte, die Abstürze ergeben sich von selbst; wenn es gut geht in einer Weise, daß ich selbst davon überrascht werde, obwohl ich den Text doch intensiv kennengelernt habe. Ein Geschehen findet statt, es ereignet sich etwas, es bleibt nicht nur beim bloßen Nachvollzug, und das überträgt sich auf das Publikum, das dadurch das Gefühl von Lebendigkeit und Authentizität bekommt, es nimmt teil, wird Zeuge.

Was muß man nicht dazutun?

Ausdrucksehrgeiz, Gestaltungslust. Man hört es als Zuhörer sofort, wenn ein Leser oder Gestalter den Text zum Anlaß nimmt, um sich an sich selbst zu erfreuen, an seinen Möglichkeiten, an dem großen Blumenstrauß dessen, was er kann. Das mag schön sein und Freude machen. Aber es tut weh, wenn es um einen guten Text geht. Wenn sich dieser Blumenstrauß auf den Text legt, den man gerne gehört hätte.

Bei Autoren, die ihre Texte lesen, gibt es andere Gefahren. Oft wollen Autoren bescheiden scheinen – wohinter sich eine große Eitelkeit verbergen kann – und deshalb ihre Sprache gar nicht klingen lassen, sondern auf eine Art »drunter« bleiben. Ein weiteres Problem ist, daß Autoren oft das mitsprechen – und dann ist es entweder ganz drunter oder ganz drüber, wenn Sie zum Beispiel Brodsky seine Gedichte lesen hören –, daß sie das mitsprechen, was sie gedacht haben beim Schreiben. Das schafft Befangenheit. Wenn unsereiner einen Text liest, weiß er das alles natürlich nicht und kann nur ausgehen von dem, was er an Sprache vor sich hat. Autoren fehlt für so ein Lesen die Unschuld.

Wie bereiten Sie Texte zum Lesen vor?

In dem, was ich als Schriftbild vor mir habe, liegt immer eine Notenschrift, die nicht unbedingt mit der Grammatik übereinstimmt. Der erste Vorgang der Vorbereitung für mich ist, diese Notenschrift kenntlich zu machen und zu entziffern – das geht nur durch lautes Lesen.

Wie der Fingersatz beim Klavierspielen – wo man sich markiert: »Den Ton muß man mit dem Finger spielen, den mit einem anderen«, um Geläufigkeit zu ermöglichen, damit aus der Folge einzelner Töne eine Melodie entstehen kann – mache ich mir zahllose Zeichen, die ich nachher wegradiere, weil ich sie nicht mehr brauche. Letztlich ist aber die Lese-

Aber das Wort wird so genutzt, daß es nicht dem Inhalt nach geht, sondern gegen den Inhalt, um dann genau dadurch wieder mehr Aufmerksamkeit auf den Inhalt zu lenken – das ist ein ganz raffinierter Trick. **Otto Sander**

arbeit eine Arbeit des Ohres, nicht der Stimme. Das Ohr hört permanent zu und korrigiert. Ich lese den Text immer wieder laut, und dadurch vervollständigt sich sukzessive der Ton, findet zu sich.

Wie geben Sie in dieser Arbeit unterschiedlichen Charakteren im Text eine Stimme?

Wenn die Autoren gut sind, dann geben sie den Figuren bereits eine spezifische Stimme in dem, was sie als wörtliche Rede notieren, eine sprachliche Gebärde. Es geht beim Lesen darum, diese Gebärde ausfindig zu machen und sie zu vollziehen.

Man muß die Stimme also nicht verstellen?

Nein, sie verstellt sich von selber, weil sie sonst die Gebärde gar nicht nachvollziehen könnte.

Was ist für Sie das Schwierigste beim Vorlesen?

Der Anfang. Weil man das Publikum in einen bestimmten geistigen Raum bekommen möchte – was nicht heißen soll, daß dieser Raum unsinnlich ist. Das fängt mit dem ersten Satz, nein, schon mit dem Hinsetzen an, damit kreiert man diesen Raum.

Ich habe an der Schauspielschule Hannover gelernt, in den Kursen von Professor von Klöden, bei dem Improvisation im Zentrum seines Ausbildungsprogramms stand. Allerdings hieß Improvisation nicht »freie Improvisation«. Es gab ein kompliziertes Regelsystem, das es zu erfüllen galt, damit die

Wie höllisch mußte es ihn [Frank Wedekind] quälen, wenn er seine aus dem Profundesten seiner zerrissenen Seele geschöpften, von Leben, Erkenntnis, Qual strotzenden Worte durch die nachlässige Sprachroutine irgendeines denkfaulen und unwissenden Schauspielers ihres Sinnes beraubt, nackt und deformiert vor sich zerflattern sah. **Arthur Holitscher**

Freiheit sich einstellen konnte. Das fing damit an, daß die Klasse vor einer leeren Bühne saß. Ein Schauspieler ging auf die Bühne und stellte ein Element in den leeren Raum, der damit in einer bestimmten Weise formuliert war. Dann stellte ein zweiter Schauspieler ein weiteres Element, korrespondierend mit dem ersten, in den Raum. Damit war die Definition des Raumes wieder konkreter geworden. Nun ging ein Schauspieler auf die Bühne, in einer konkreten Haltung.

Ihm folgte ein zweiter Schauspieler in einer korrespondierenden Haltung. Damit wurde der Raum immer weiter definiert. Er war nun vieles nicht mehr; unbeantwortet blieb aber, was er denn war. Und so ist es auch bei einer Lesung. Der Raum ist nicht leer, es ist ein bestimmter Raum. Alles, was zu einer Lesung gehört, definiert den Raum, vom Ankündigungsplakat angefangen, das beim Zuhörer eine bestimmte Erwartung schafft, mit der ich als Vorlesender dann zu tun habe.

Für mich geht es darum, mich zu den Formulierungen, die vorgegeben sind, so zu verhalten, daß etwas entsteht, das, sagen wir mal: »fliegen« kann. Dazu muß ich bei mir alles wegräumen, was diesen schon beschriebenen Selbstvollzug des Textes behindern würde. Das heißt vor allem: meditativ zur Ruhe kommen, so daß man nicht in diese Gestaltungsanstrengung gerät. In dem Moment, wo man mit Zuhörern konfrontiert ist, merkt man: »Da kommt ein Anspruch auf mich zu.« Und darauf antwortet ein Reflex: »Diesem Anspruch muß ich genügen. Ich muß die Leute ›packen‹.« Das ist hinderlich.

Ein schönes Kompliment, das mir mal jemand gemacht hat, war: »Wenn ich dir zuhöre, vergesse ich oft, daß du es

Wir vernehmen, daß Goethe durch Unnatürlichkeit beim Vorlesen seiner Poesien peinlich wurde; von Schiller weiß man, daß er durch übertriebenes Pathos seine Stücke ganz unkenntlich machte. Sollte uns dies alles nicht recht nachdenklich darüber machen, in welchem Verhältnisse die höhere Tendenz der Kundgebung des deutschen Wesens zu unseren natürlichen Ausdrucksmitteln steht? **Richard Wagner**

bist, der das liest, ich sehe die Bilder.« Das ist es; der Zuhörer und ich, der Vorleser, wir beide hören dem Text zu.

Ist es notwendig, daß man Schauspiel- oder Sprachunterricht nimmt, um vorzulesen?

Es ist gut zu wissen, wie man mit Stimme und Atem umgeht. Aber die technischen Fähigkeiten, die man sich aneignet und die man auch anwenden will, dürfen sich nicht über den spontanen, authentischen Ausdruck legen. Um ein einfaches Beispiel für das Unauthentische, Überanstrengte zu geben: Warum wird ein Baby, das schreit, nicht heiser, wo doch ein Schauspieler, der schreit, sehr schnell heiser wird? Der Apparat ist ja der gleiche.

Meine Erfahrung ist: Man findet zu seinem Ausdruck, indem man liest, Stunden, Tage. Irgendwann stellt sich der richtige Pegel ein. Eine gute Schauspielausbildung besteht darin, die Sensibilität, das Ohr, die Wahrnehmung für diesen richtigen, unangestrengten Pegel zu schärfen und die Mittel dafür verfügbar zu machen.

Es gab zu Beginn des 20. Jahrhunderts einen sehr expressiven, deklamierenden Vortragsstil. Nach dem Krieg wurde, weil der Hohe Ton durch die Geschichte diskreditiert war, ein pathetisch monotoner Vortragsstil tonangebend.

Diese Problematik des Hohen Tons spielte, als ich auf die Schauspielschule ging, eine ganz wesentliche Rolle. Damals war der Film *Kolberg* wieder zu sehen, ein monumentaler Durchhaltefilm von Veit Harlan, besetzt mit den ersten deutschen Schauspielern der Zeit. Man weiß, daß Kopien dieses Films über dem brennenden Breslau abgeworfen wurden, um die Menschen zum Durchhalten zu bringen. Der Film er-

... aber dann, auf einmal, in einer kurzen Pause, nimmt er [der berühmte Vortragskünstler Josef Kainz] den Ausdruck eines Zuhörers an und läßt uns auch noch sehen, wie das Gedicht auf ihn selbst wirkt. Aus dem Erzähler wird auf einmal einer, dem selbst erzählt wird, und so machen wir die ganze Wirkung noch einmal durch. **Hermann Bahr**

zählt von den Bürgern der Stadt Kolberg, die vor der Wahl standen, sich Napoleon zu ergeben oder einen aussichtslosen aber heroischen Kampf gegen ihn zu führen.

Auf dem Höhepunkt des Films steht der preußische General Gneisenau, hoch zu Pferde, auf dem Marktplatz von Kolberg und hält eine Rede. Horst Caspar, der Schauspieler mit dem virilsten, »schönsten« Pathos dieser Zeit, hält diese Rede, die – und das war für uns ein Schock – teilweise wortwörtlich die Sportpalastrede von Göbbels war. Das diskreditierte dieses Pathos in einer Weise, daß es für uns nicht mehr zu gebrauchen war.

Ganz anderen Skrupeln gegenüber dem Hohen Ton begegne ich heute insbesondere bei Lyriklesungen. In vielen Gedichten gibt es eine hymnische oder wenigstens emotionale Gebärde. Und die können Sie nicht unterspielen. Die muß, wenn das Gedicht verstehbar werden soll, geliefert werden. Ich finde es unerträglich, wenn Gedichte »interessant« vorgelesen werden. Wenn die Besucher dasitzen, nichts verstehen, aber sagen müssen: »Das ist interessant.« Gute Gedichte sind viel einfacher als Prosa. Sie sind komprimiert, nicht nur im Klang, sondern auch im Sinn. So kann man sie verstehen, so können sie vom Vorleser verstehbar gemacht werden. Aber nicht, indem man eine interessante, ein wenig seltsame Stimme macht. Das ist wie mit des Kaisers neuen Kleidern. Viele Leute sagen: »Verstanden habe ich nichts, aber es war so spannend.« Das trägt sehr dazu bei, daß geglaubt wird, Lyrik sei schwierig. Lyrik lesen ist manchmal schwierig. Aber Lyrik hören müßte ganz einfach sein. Deshalb müßte es viel mehr Lyriklesungen geben. Denn in

Als der sozialdemokratische Politiker Kurt Schumacher nach dem Zweiten Weltkrieg in Großbritannien auftrat, soll seine Sprechweise den Engländern Unbehagen bereitet haben. Sie erinnerte in Lautstärke und Artikulation an die Stimme jener, die Deutschland zwölf Jahre beherrscht und ihn selbst gepeinigt hatten. Offenbar gibt es Traditionen vokaler Ausdrucksformen, die über politische Abgrenzungen hinausgehen und ganze Generationen prägen. **Reinhardt Meyer-Kalkus**

der Lyrik ist die Sprache in ganz besonderer Weise bei sich selbst.

Gibt es heute einen anderen Ton, einen Grundton unserer Zeit?

Ich denke schon. Der Grundton ist sicher nicht diese idiotische Keuschheit, die sich vormacht, so etwas wie Wahrheit oder Authentizität im Understatement zu finden, im Herunterdrosseln des Klangs auf eine Linie ohne Anschlag, auf ein unheimliches Nichts. Es gibt aber vor allem das Bedürfnis nach einem Ton. Dieser Ton hat sehr viel mit Pathos zu tun, das nicht mehr so geht wie früher einmal; für das man eine heutige Gebärde finden muß. Dieses Pathos hat von seiner Definition her viel damit zu tun, daß man sich »äußert«. Die Größe der pathetischen Gebärde hat viel mit dem Aus-sich-Heraustreten zu tun. Danach gibt es ein Bedürfnis; viele wollen aus sich heraustreten, weil sie sich in sich gefangen fühlen. Sie wollen eine sprachliche Gebärde hören und hörend daran teilhaben. Eine Gebärde, die ihnen ermöglicht, etwas, das die Brust sprengt, ausgedrückt zu hören – und dadurch beglaubigt zu finden. Das kann Sprache!

Alexander Strakosch, (1845 – 1909), der seiner kleinen Gestalt wegen als Schauspieler nicht reüssieren konnte, wurde nach aufsehenerregenden Rezitationen in Paris von Heinrich Laube 1868 zum Vortragsmeister erst am Leipziger, dann am Wiener Stadttheater bestellt, also zu einem Amt berufen, das es vorher nicht gab. Vortragsreisen führten ihn bis nach Amerika und an den Zarenhof. Zuletzt war er Sprechlehrer an Reinhardts Berliner Schauspielschule. Kurzbiographie **Alexander Strakosch**

Johannes Ullmaier

Wassereimer vs. Wasserglas
Beat und Aktion im Lesungsgenre – und:
Hadayatullah Hübsch' Performance-History, von ihm selbst erzählt

Von allen performativen Medien ist keines formal so wenig angreifend wie die klassische Autorenlesung – sei es physisch, etwa im Vergleich zu einem Boxkampf oder Rockkonzert (kein Schweiß, kein Lärm, dafür oft Rauchverbot), aber auch psychisch, in der fehlenden artistischen Differenz zwischen Akteur und Publikum. Kommt ersterem sonst das Privileg wie auch die Pflicht zu, charismatischer zu wirken, höher zu springen oder besser(e) Platten aufzulegen als die, die ihn dafür zugleich bejubeln und beneiden, so konvergiert der Abstand, dort, wo Autoren lesen, gegen Null. Noch in der unmittelbaren Nachbardisziplin des Rezitierens definiert sich der Vortragende durch die Kluft zu jenen, die es weniger gut können und ihm eben deshalb zuhören. Anders bei der Autorenlesung: Mögen Autoren auch von Fall zu Fall passabel rezitieren, in die Kamera blicken oder mixen können, ist das doch für ihren Autorenlesestatus bestenfalls egal. Im Gegenteil tritt dieser umso deutlicher hervor, je weniger Zusatzqualifikationen ihn verdecken: Durchschnittlich bis unterdurchschnittlich erscheinend, vortragend und diskutierend, ist der Leseautor ganz bei sich, verbreitet keine Aura außer der der puren Autorschaft.

HADAYATULLAH HÜBSCH: *Meine Lesungen waren schon immer unnormal im Vergleich zu dem, was die literarische Hochkultur an Lesungen produziert hat. Es war schon immer Action dabei. Das hing damit zusammen, daß meine Literatur vom Dadaismus beeinflußt ist, der ja ziemlich explosiv und aktionis-*

tisch war. Ich kannte die Dada-Experimente von Tristan Tzara, der auf der Bühne Zettel aus dem Zylinder zog etc.

Das Zweite war dann die Geschichte mit den Beatniks. Anfang '60 muß das gewesen sein, da las ich von der San Francisco Renaissance. Von Allen Ginsberg, wie er einem komischen Kerl, der ihn provozierte, zugebrüllt hat: »Zieh' dich aus!« Und als der das nicht machte und immer schüchterner wurde in seiner Betrunkenheit, hat sich Ginsberg selbst ausgezogen. Das waren Dinge, die meiner rebellischen Ader sehr entgegenkamen.

Und das Dritte war der Rock'n'Roll. Zwar konnte ich damals noch keine Konzerte besuchen, aber schon die Art und Weise, wie das rüberkam, wie wir auf den Partys tanzten, das war einfach sprengend. Das war eine Form, wo man sich irgendwie befreit sah vom drögen Schulalltag samt den beschlipsten Lehrern. So war es schon von Anfang an angelegt, daß normale Lesungen mir nicht entsprachen.

Dem Besucher bietet die klassische Autorenlesung – abgesehen von der Konvention, nicht unfreiwillig (etwa durch Schnarchen) aufzufallen – maximalen Freiraum. Man kann passiv bleiben: reglos zuhören, meditieren oder vor sich hindämmern, ohne Gefahr, sich plötzlich angesprochen oder auf die Bühne gezerrt zu sehen. Doch auch Aktivität ist möglich: vom infinitesimalen Brauen- oder Kopfwiegen bzw. -zucken über leise Seufzer, Räusperer und abgehackte Lacher bis zum Zwischenruf und – leicht zu habenden – Tumult.

Ähnlich leicht hat es der Autor: kein oder wenig Üben bzw. artistisches Mißlingenkönnen (Stürze, falsche Noten, angesägte Assistentinnen), kaum technisches Gerät bzw. Pannenpotential (Getriebeschaden, Bildausfall) und wenig körperliche Anstrengung bzw. Auszehrung. Rechnet man genreunspezifische Fährnisse wie Lampenfieber, Blackout, Reise-/Star-/Sozialstreß/-blues oder Bronchitis ab, bleibt als schwer-

Werfel hat mir neue Gedichte vorgelesen, die wieder zweifellos aus einer ungeheueren Natur herkommen. [...] Und der Junge ist schön geworden und liest mit einer Wildheit (gegen deren Einförmigkeit ich allerdings Einwände habe)! Er kann alles, was er je geschrieben hat, auswendig und

ste Prüfung, die ein Autor während einer Lesung zu bestehen hat, der sprichwörtliche »Griff zum Wasserglas«.

In den Sechzigern machte ich dann Performances, in merkwürdigen Jugendclubs, vor völlig unbedarften Jüngelchen und Mädels. Ich habe mir einen Eimer Wasser auf die Bühne bringen lassen, ein Science-Fiction-Buch reingeschmissen, es durchweichen lassen, rausgeholt, aufgerissen und daraus gelesen. Oder mit einem Hammer einen großen Nagel durch ein Buch gehauen, auf ein Brett, das Buch dann durchgerissen und die entsprechenden Wortfigurationen vorgelesen. Das waren so meine spinnerten Ideen, obwohl die ja eigentlich ganz interessant waren. Noch dazu vor einem Publikum, das vollkommen fassungslos war, das überhaupt nicht begreifen konnte, was da überhaupt los war. Das muß im Winter '67 gewesen sein, nach meinem ersten LSD-Trip. Ich weiß noch, daß es ziemlich kalt war mit dem Wasser – vollkommen verrückt.

Als Zwingburg des formal Unspektakulären ist die Autorenlesung heute innerhalb der Gegenwartskultur in einer Position wie Asterix' Dorf im Römischen Imperium, nur häufig ohne Zaubertrank. Wo sie dennoch unbezwingbar scheint, da kaum aus physischer Präsenz, sondern entweder – günstigenfalls – kraft eines substantiellen Inhalts oder – andernfalls – aus dem Gewohnheitsrecht auf eine Laienkanzel, von der herab mehr oder weniger besessene Kulturschamanen ihrer Restgemeinde bürgerliche Einkehr spenden.

Ende der sechziger Jahre hat der aufstrebende Literaturstern Peter Handke mal im Club Voltaire gelesen. Mit dem habe ich da Kicker gespielt und ihn geschlagen – was er mir, falls er noch dran denkt, niemals verzeihen wird.

Was immer ein abgeschirmter ästhetischer Erfahrungsraum zu bieten hat, so ist doch schon die Tatsache bzw. der Grad der Abgeschirmtheit selbst eine ästhetische Errungenschaft.

scheint sich beim Vorlesen zerfetzen zu wollen, so setzt das Feuer diesen schweren Körper, diese große Brust, die runden Wangen in Brand.

Franz Kafka

Der Rahmen sagt: Hier wird etwas für einen Augenblick nicht gleich weggebrüllt, fängt keine Werbepause an, kann überhaupt etwas Kontur gewinnen.

Ich habe mich nie darum beworben, in die Galerien- oder Avantgardezirkel aufgenommen zu werden, habe mich nie als Performancekünstler inszeniert. Performance-Art war einfach das, was für mich spannend war, was ich sowieso machte.

Je stiller, fokussierter ein Erfahrungsrahmen, desto minimalere Inputs werden in ihm wahrnehmbar und desto größer wird das Potential für Differenzeffekte. Umgekehrt entsprechend.

In Frankfurt gab es damals auch Hans Imhoff, der mit Todesmut und Spaß an der Provokation Aktionen machte, die jede Vorstellung von Lesung sprengten. So ist Imhoff z. B. vor Handkes Publikumsbeschimpfung *auf die TAT[=Theater am Turm]-Bühne geklettert und hat das Publikum beschimpft. '68 ließ man ihm zuerst die Narrenfreiheit, aber der hat nie eingesehen, wann Schluß war, hat da so lang rumgekaspert, bis alle – inklusive der eigentlich gutwilligen Regisseure und Theaterleute – die Schnauze voll hatten. Es war schon eine halbe Stunde über der Zeit und der ließ immer noch nicht locker.*

Imhoff wollte jede Form von Kultur sprengen. Er war berüchtigt für sein gespensterhaftes Erscheinen bei irgendwelchen offiziellen Anlässen, wo er plötzlich aus dem Nichts – wie Netzer aus der Tiefe des Raumes – auftauchte. Immer guckte man schon: Kommt Imhoff? Kommt er nicht? Und prompt kam er auch schon wieder irgendwie auf die Bühne geklettert, ich weiß gar nicht, wie der das schaffte, und machte seinen Terror. Das war so sein Prinzip.

Einmal hatten wir gemeinsam eine Lesung an der Uni Mainz, germanistisches Seminar, absolut bravstes Publikum. Als Imhoff

Das eine steht fest: Er ist rasend, und wie ein / Bär, der die Gitter des Käfigs zu sprengen vermochte, / vertreibt der ungenießbare Dichter Gescheite und Dumme. Doch wen er / einmal gepackt hat, den läßt er nicht los: Durch Vorlesen / bringt sein Opfer er um: Von der Haut läßt der Blutegel erst, wenn er voll ist. **Horaz:** Ars Poetica

gebeten wurde, mit seinem Vortrag zu beginnen, hat er erst mal eine Minute lang gar nichts gesagt, hat sich dann sehr stark konzentriert und schließlich einen Urschrei losgelassen, daß die Wände wackelten. Das war dann seine ganze Lesung. Ich fand das gut, obwohl ich selbst ein bißchen konzilianter war. Die Leute sollten bei mir auch was lernen, nicht bloß mit dem Kopf gegen die Wand geknallt werden.

Wie ein ungesprengter Rahmen mehr zur Sprengung, lädt die ungerahmte Sprengung mehr zur Rahmung ein.

Im Heidi-loves-you-Shop *[dem von H.H. gegründeten ersten Head-Shop Deutschlands] versuchte ich dann, Lesungen mit Musik zu verbinden. Das waren schon eher Happenings. Die Happeningidee hatte es mir angetan, z.B. diese Kopenhagener Geschichte, wo alle Leute zum Happening in einen Bus verfrachtet wurden und sich freuten: Huah, jetzt geht's zum Happening! Die wurden dann aus der Stadt gefahren, in irgendeinen dunklen Wald. Dort hieß es: Bitte aussteigen, gleich kommt das Happening. Und alle waren happy und froh. Dann fuhr der Bus weg. Und blieb auch weg. Und die standen da im Wald. Das war das ganze Happening. Das hat mich unwahrscheinlich angetörnt. So was wollte ich auch machen.*

Um die beweglichen Grenzen des Genres Autorenlesung zu ermessen, empfiehlt es sich, von Zeit zu Zeit die Zuschreibung zu invertieren, also: eine Lesung so zu hören wie etwas, das man in der Bäckerei, im Bus, von einem Freund erzählt bekommt, bzw. umgekehrt: den nächsten Thekenmonolog, Beziehungstratsch, Hausmeistersermon oder Fußballkommentar als Lesung aufzufassen – immer hochgerechnet auf die Frage: Wie sähe eine Welt aus, wo solche Alltagskommunikation bzw. solche Lesungen die Regel wären? Wo also nur noch resp. keine Lesungen mehr stattfänden?

Mir war es aber nicht genug, nur ein Event – wie man heute sagt – zu machen, à la: »20 Uhr geht's los«. Ich wollte das permanent

Mancher wiederum gleicht im Äußern den stattlichen Göttern, seinem mündlichen Vortrag jedoch fehlt jegliche Anmut.

Homer: *Odyssee*

durchziehen, vierundzwanzig Stunden täglich. Aus jedem Gang in die Stadt machte ich eine Provokation. Ich erinnere mich, wie ich mit einem knalldicken Dreiblatt-Joint durch Frankfurt ging und qualmte – und die Leute guckten. Ich habe mich nie darum geschert, ob Polizei kommt oder sowas.

Wir sagten: Was wir auch sind, wir müssen immer voll da sein! – so im Sinn von Kerouacs Unterwegs*: »Die edle Bestimmung unserer Zeit ist es, immer in Bewegung zu sein.« Das war für mich eine Art Credo: das Leben zum Gesamtkunstwerk machen. So habe ich z.B. mal – per Flugblatt und Anschlag in unserem Laden – eingeladen, für Sonntag, 10 Uhr, zum Human Be-In im Grüneburg-Park. Da waren wir dreißig, vierzig Leute, haben Joints geraucht, Bongo getrommelt, bißchen gesungen, Gitarre geklimpert, ab und zu hab ich mal vorgelesen. Da sind viele der Gedichte aus meinem ersten Lyrik-Band* Mach was Du willst *[Luchterhand, 1969] entstanden.*

Begreift man Literatur im allgemeinsten Sinn als ästhetische Vertextung von Welterfahrung, so rückt die Autorenlesung in eine durch die persönliche Anwesenheit des Vertexters suggerierte Mittlerposition zwischen dem (ver)fertig(t)en Text einerseits und dessen primären Erfahrungssubstraten andererseits. Abweichend von der Rezitation zieht sie ihre Wirkung weniger aus der Vergegenwärtigung des Textes selbst als aus der seiner Entstehungsgründe, figuriert als Tür zu einer ursprünglichen, in der Autorenpräsenz vernehmlichen Gemeintheit, als performative Spiegelung des Schöpfungsaktes.

So schimärisch diese Mittlerposition oft faktisch ist, korrespondiert sie doch mit dem historischen Befund, daß sich das Genre der Autorenlesung parallel zur autorintentionalerlebnishaften Genieästhetik (wie sie in Wilhelm Diltheys Hermeneutik kulminiert) entwickelt und gefestigt hat. Dien-

Unterbrochen wurde die Lesung immer wieder von den Jazzstücken des Ibbenbürener Gitarristen Ingo Nüssemeier, der die Stimmung der Gedichte musikalisch einfing und zum Ausdruck brachte. [...] Sein ungewöhnliches Vortrags-Konzept entwickelte sich aus der Erfahrung, daß eine reine Dich-

ten Homers Rezitationen wohl noch in erster Linie der Evokation des mythischen Gehalts, und erfüllte die Vorlesepraxis neuzeitlicher Poeten- und Gelehrtenzirkel – diesseits von Eitel- und Geselligkeit – primär die Funktion einer Autorenwerkstatt, wo man Unveröffentlichtes in seiner Wirkung erproben und zur Diskussion stellen konnte, so konsolidierte sich spätestens zu Beginn des 20. Jahrhunderts bei Autoren wie Publikum der Wunsch nach Livepräsentation der »Ur-Stimme« auch abgeschlossener Werke und damit die gegenwärtige Autorenlesungsform. Daß man sich die Texte heute in der Regel nachher gleich in Buchform kaufen und signieren lassen kann, markiert dabei weniger das Verschwinden als vielmehr den aktuellen kulturindustriellen Mechanisationsstand dieser Art von Teilhabe.

Die genieästhetische Verwurzelung des Autorenlesungsgenres nicht zu unterschlagen, erweist sich gerade dort als wichtig, wo es um die Geschichte seiner Überschreitung geht. Lenkt man den Blick auf deren Anfänge, die futuristischen und dadaistischen Soireen ab 1910, wird man mit Recht zunächst den tumultös-provokativen, auf Zerstörung eben jener überkommenen Genieästhetik zielenden Impuls hervorheben. Indes erschöpft sich dieser bei genauerem Hinsehen selten in der bloßen Negation. Denn über den Skandalaspekt hinaus, der jeder Innovation notwendig innewohnt, entfaltet sich hier von Beginn an eine wechselseitige Dynamik zwischen aus neuem Ausdruckswillen geborenen Konventionsbrüchen einerseits sowie im Zuge dieser Brüche entstehenden neuen Ausdrucksformen andererseits.

Entsprechend bleibt die vitalistische Aufhebung oder Erweiterung der Text(vorlese)form – in Richtung Laut, Schrei, Improvisation, Musik, Theater, Tanz, Performance, Bild, Pantomime, Stille, Lärm, usw. paradoxerweise weitgehend

terlesung für das Publikum sehr anstrengend ist. Die Auflockerung durch Jazzmusik dagegen bewirke eine bessere Entspannung, sagt Jenders.
Grevener Anzeiger

im Dienst gerade jener Präsentmachung zugrundeliegender Erfahrungssubstrate, die die Lesungsform traditionell genieästhetisch trägt, nur daß die Erfahrungen hier (noch) nicht als (bloßer) Text repräsentierbar scheinen.

Folglich birgt der Angriff auf bestehende Erwartungen, sei er auch noch so dilettantistisch oder pöbelhaft, fast immer schon den Keim für neue Standards, einen eigenen Sound, der sich oft bald verselbständigt.

Dann gründete ich die Band Wa-Wa-Wa-Wa-Was-ist-los?, *deren Prinzip darin bestand, daß keiner ein Instrument spielen können durfte. Denn ich wollte »Mind-Music« machen, und meine Theorie war: Wenn etwas erst mal über ein Instrument kommen muß, verliert es an Schärfe. Damit wurden wir zum Schrecken aller Clubs, die uns am Anfang panisch einluden, weil sie auf Hippie und Psychedelic setzten. Wir erschienen dann und machten etwas Terror, gammelten da rum, gaben ein paar lose Sprüche von uns – und das reichte schon.*

Wa-Wa-Wa-Wa-Was-ist-los? *brachte uns zuerst viel Ruhm ein, weil wir etwas Neues boten, eine Art konzeptloses Konzept. Wir sind einfach auf die Bühne, keiner wußte, was er machen soll, es gab kaum Texte, nur ein paar Slogans. Hauptsächlich waren wir darauf aus, die Leute zu verunsichern, haben irgendwelche Songs gegrölt, die die nicht kannten, von Bands wie den Fugs, oder mit unseren Instrumenten rumgespielt, reine Kakophonie, so lange, bis wir rausgeschmissen wurden. Ich erinnere mich nicht, daß wir irgendwo zweimal eingeladen worden wären. Einmal haben wir die Leute so provoziert, daß einer rausrannte und – das war zu ebener Erde – mit seinem Motorrad in den Club reingebrettert ist, nur um zu zeigen, daß er auch was drauf hat.*

Der Höhepunkt von Wa-Wa-Wa-Wa-Was-ist-los? *waren dann die ersten Essener Songtage 1968, mit Frank Zappa, den Fugs und Julie Driscoll, wo wir es, wie mir berichtet wurde, geschafft haben, von den 6000 Anwesenden 3000 zu verjagen. Als wir auf*

Als im Iran noch jeder veröffentlichte Satz zuvor die Mühlen der Zensur passieren mußte, veranstaltete das Goethe-Institut in Teheran eine dreitägige Lesung mit etwa sechzig iranischen Dichtern und Schriftstellern,

die Bühne kamen, fiel die Mikrophonanlage aus und Rolf Ulrich Kaiser, der Veranstalter, schrie: »Macht was, und wenn ihr Striptease macht!« Ich war von diesem ganzen, schon damals nach Kommerz stinkenden Ding so angeekelt, daß ich nur an die Bühnenrampe gegangen bin und eine sehr kräftige, ziemlich lange Rede hielt, wo ich das alles gegeißelt habe. Die anderen haben dazu irgendwie an ihren Trommeln rumgemacht oder irgendwas geklimpert. Chaos und Desaster.

Der Rückbezug auf die historischen Avantgardebewegungen ist notwendig, um sowohl die Kontinuität wie auch die Unterschiede zu den Lesungskonventionsüberschreitungen im Gefolge von Beat und Pop zu sehen. Für die Kontinuität spricht, daß sämtliche deutschsprachigen Pioniere beat- oder popbeeinflußter Leseformen eng mit der modernistischen Tradition vor dem Zweiten Weltkrieg vertraut waren:

– Urban Gwerder, der seit Mitte der 60er Jahre in der Schweiz mit einer Rockbesetzung Poesie vortrug, war der Sohn des modernistischen Lyrikers Alexander Xavier Gwerder;

– Hubert Fichte, der 1966 im Hamburger *Star Club* zwischen Songs der Beatband *Ian & the Zodiacs* Auszüge aus seinem »Poproman« *Die Palette* las, wurde während seiner Pubertät von Hans Henny Jahnn umfassend in den Modernismus eingeführt; und

– Paul Gerhard (später: Hadayatullah) Hübsch, bis heute aktiver Undergroundliterarturperformer und -knotenpunkt, entdeckte als Teenager die Dadaisten für sich.

Allein, bei aller Informiertheit sind doch schon die frühsten Beatlesungsversuche keineswegs (viel weniger als etwa die zeitnahen Auftritte der Wiener Gruppe) direkte Fortsetzungen oder gar Wiedergänger dadaistischer oder surrealistischer Performances. Dagegen steht sowohl die programmatische Abkehr vom (spätestens um 1960 ins Postulatorische erstarrten) Fortschrittsanspruch der Avantgarden als

deren Werke verboten waren. [...] Diese Dichterlesung war der Auftakt zu jener Volkserhebung, die zwei Jahre später zum Sturz der Monarchie führte.
Bahman Nirumand

auch – vor allem – die neue jugendkulturelle Einbettung in Beat-/Rock-/Hippie-/Drogen-&Polit-Kultur/-Musik&-Mode.

Rolf Ulrich Kaiser hatte mich vor allem wegen der ’67er-Beat&Lyrik-Tournee geholt. Das war ein Experiment von einem Kulturmenschen aus dem Ruhrgebiet, der auf Beat gesetzt hatte, kurz vor Sgt. Pepper’s. *Der hatte ein gutes Gespür für Avantgarde, kam auch vom Jazz her, und hat mit einigen Schreibern, darunter Hansjürgen Bulkowski, dem Herausgeber der Zeitschrift* Pro, *eine Tournee organisiert, als Multimedia-Spektakel, mit einer Band, die sich* Free Beat Group *nannte und – über irgendwelche* Monkeys-*Coverversionen hinaus – experimentell mit ihren Instrumenten umgehen konnte. Da habe ich aufgelebt, weil das für mich die Chance war, Rock’n’Roll oder auch Beat wirklich mit Worten zu leben. Und Kaiser war als Pressekritiker da und ist absolut darauf abgefahren.*

Diese Tournee hat für mich, was meine Performance-Erfahrung betrifft, sehr viel bedeutet. Ich hatte ja nie einen Lehrer, der mir sagte: Du mußt jetzt die oder die Bewegung machen. So hatte ich völlige Freiheit, mich irgendwie zu äußern. Ich habe auch niemanden kopiert. Damals gab es ja auch noch nicht die vielen Videos.

Es waren fünf oder sechs Dichter da. Außer Bulkowski und mir auch der sehr viel ältere spätere Supergarde-*Herausgeber Vagelis Tsakiridis, der dann – wie Rolf-Ulrich Kaiser – in den 70ern verschollen ist; dazu Hans Wesseling, der holländische Beatnik, der wegen seiner Zusammenarbeit mit der Psychedelic-Band* Group 1850 *Kultstatus hatte und mich damals am meisten beeindruckte, mich auch zum ersten Mal mit halluzinogenen Drogen antörnte; schließlich noch Martin Jürgens, der später so ein KP-Professor für Germanistik an der Uni Münster wurde.*

Wirkt der Poptouch bei manchen frühen Events, namentlich bei Hubert Fichtes auf Schallplatte dokumentiertem *Star-*

Aber ich machte nur eine Pause und sagte dann, soweit ich gegen die Musik ankam, [»Biermusik« aus dem unter dem Lesungssaal liegenden Raum] es scheine leider hier ein Mißverständnis zu walten, ich sei kein humoristischer Rezitator, sondern ein Literat, eine Art Sonderling und

Club-Auftritt, von heute aus formal leicht aufgesetzt, so sind die dabei verwendeten Mittel – Verlegung der Lesung an einen »Pop-Ort« (Beatschuppen, Disco, Autonomes Jugendzentrum, Technoclub) und akustische Rahmung durch jeweils angesagte Musik(er) – doch seither konstant geblieben. Im günstigen Fall bannen sie, was an (obschon mittlerweile fast residual-sympathischer) Bildungsbürgerverspanntheit noch im einen oder anderen Literaturhaus nisten mag. Im ungünstigen jedoch gefährden sie den ästhetischen Fokus (»Hä, wie? Lesung?«) oder pointieren das Scheitern hochkultureller Hip-Annäherungsbemühungen (vgl. die vielen Autor–DJ-Lounges, wo man erst nicht zuhört, um dann nicht zu tanzen).

Spezifischer als der äußere Rahmen war für die ersten Beatautorenlesungen die Nähe zur Performancekunst, mit deren antikonzeptualistischen Ausläufern man die Frontstellung zum bürgerlichen Kulturbetrieb teilte. Als gemeinsame Kraft- und Legitimationsquelle diente nach wie vor der alte/neue Avantgarde-Vitalismus, welcher sich – außer im vereinten (und periodisch notwendigen) Bürgerschreck-Ansturm auf die saturierte Tot- und Verblödetheit des (jeweils) aktuellen Establishments – vor allem in einer Forcierung von performativer Spontaneität und freier Improvisation manifestierte, wie sie so weder in der Vorkriegsavantgarde noch im dafür eigentlich prädestinierten, mittlerweile aber angegrauten Genrevorläufer »Jazz&Lyrik« anzutreffen war.

Bis vor ein paar Jahren habe ich meine Lesungen nie aus fertigen Büchern bestritten, sondern immer mindestens einen Text für den Gig neu geschrieben und ansonsten Unveröffentlichtes gelesen. Das fing Anfang der 80er an, als ich einmal von Adam Seide zu einer Benefiz-Lesung eingeladen worden war. Fünfzehn Minuten vor meinem Auftritt habe ich mich dann zurückgezogen, meditiert und gebetet, bin dann auf die Bühne und habe dort ex

Dichter, und ich wollte ihnen jetzt, da sie doch einmal da seien, eine Novelle vorlesen. Da standen wieder einige Leute auf und gingen fort.
Hermann Hesse

tempore etwas entwickelt, inklusive rhythmischer Einlagen, etwa eine Viertelstunde lang, bis es rund war – und ging dann weg. Hinterher kam Franz Mon zu mir und sagte: »Das war's dann ja wohl!« Dann kam Wolfgang Wüsteney, der Schlagzeuger vom Emil Mangelsdorff-Quartett, *und sagte: »Wie hast du denn das gemacht? Alles auswendig gelernt?« Darauf ich: »Keine Ahnung, was ich gesagt habe. Das war alles ganz spontan.« Darauf er: »Das gefällt mir, so was würde ich gern mal zusammen mit meinem Schlagzeug machen.« »Warum nicht?« Ein paar Tage später haben wir uns im Jazzkeller getroffen, er hat sein Schlagzeug ausgepackt, ich habe spontan irgendwelche Sachen gebracht, er hat dazu getrommelt – und wir beschlossen: »So, das machen wir!« Unser Gruppenname wurde:* Wann-Du-Schrie *– wie »One-two-three«, nur eben:* Wann-Du-Schrie.

Wir konnten nicht mehr als einen Auftritt pro Monat machen, weil es so kräftezehrend war. Ich bin auf die Bühne, ohne daß Wüsteney wußte, was ich mache, und ich wußte nicht, was er macht. Es ist eine Gratwanderung: Du mußt einen Gedanken fassen, etwas verbinden, vernetzen, verknüpfen, fünfundvierzig Minuten lang spontan eins an das andere reihen. Natürlich habe ich dann mit der Zeit gewisse Bojen gehabt, auf die ich mich zurückziehen, und bestimmte Gags, die ich immer bringen konnte. Aber zum größten Teil war es doch immer neu.

Wie fast überall erscheint das Improvisationsmoment auch bei Lesungen um so feiner gradualisiert, je deutlicher man hinsieht. Schon für die reine Wortfolge entfächert sich die sture Dichotomie improvisiert/nichtimprovisiert real zu einer breiten Skala, die von unwillkürlich verschluckten Silben oder Wortwiederholungen beim Vorlesen über spontane Auslassungen, Umstrukturierungen oder Zugaben bis hin zum völligen Verzicht auf einen mitgebrachten bzw. überhaupt

Die Buhlerei mit der Jugend, das heißt die Freude, mit der man im Zuschauerraum viele junge Gesichter entdeckt, wäre lächerlich, sogar abstoßend, wenn in ihr nicht auch ein Stück Zukunftshoffnung steckte, die Hoffnung, noch da zu sein, wenn man nicht mehr da ist, noch ein wenig weitergetragen zu werden, eine kleine Strecke Wegs. **Marie Luise Kaschnitz**

vorher verfaßten Text, quasi zur Lesung (aus) der gegenwärtigen Situation (heraus), reicht. Bezieht man ferner Parameter wie Vortrag (Aussprache, Mimik, Gestik), Publikumsinteraktionen, räumliche und akustische Gegebenheiten sowie das jeweilige Programmumfeld mit ein, wird klar, wie bedingt der Improvisationsgrad selbst planbar ist. Denn ebenso, wie dem Wortlaut nach vollständig freie Literaturperformances nicht stets die unvorhersehbarsten sein müssen, können

auch klassisch vorstrukturierte Lesungen bisweilen äußerst unvorhersehbar verlaufen.

Um 1987 haben wir durch Christoph Derschau einen Auftritt in der Hamburger Markthalle bekommen, so eine Poetry&Music-Geschichte. Dafür schrieb ich dann – zum ersten Mal – auch eigens Texte. Aber das war total chaotisch. Zwar durften wir erst eine kurze Einlage geben, weil irgend so ein Fernsehfritze, der schon besoffen ankam und wegen irgendwelcher Legenden ungeheuer auf mich stand, uns unbedingt filmen wollte. Doch vor uns war Kiev Stingl dran und spielte uns den Saal leer. Das war so seine Art: alles zerstören. Der machte ungefähr so lang wie wir früher mit Wa-Wa-Wa-Wa-Was-ist-los? *– bis außer fünf, sechs Leuten alle aus der Halle waren. Als wir dann dran waren, zum Schluß, war nicht mehr viel zu machen – gerade da, wo ich mich so vorbereitet hatte!*

Diesseits von Affront und Improvisation aber liegt der naheliegendste Beat&Pop-Vitalitätskick auf die Lesungsform naturgemäß in ihrer (Re-)Musikalisierung, sprich: der möglichst bruchlosen (Live-)Symbiose von Autorrezitation und beatbetonter Musik. Hier eröffnet sich ein vielversprechender Genrerahmen mit genuinen Kategorien wie Rhythmisierung/Metrik, Form/Gehalt-Korrespondenz, Melodieführung, Soundgestaltung, Expressivität etc.

Früher – bei Orpheus und ähnlichen Dichtern – war es einfach Konsens, mit Musikinstrumenten aufzutreten, seine Gedichte

Ich war jung und dumm / ich bin alt und dumm / ich entkleide mich vor publikum / plötzlich sind sie alle stumm / ich bücke mich / ich zeige ein loch / ein hauch entweicht / leben ist leicht **Ernst Jandl**

zur Leier vorzutragen. Das rein gesprochene Wort gab es in der Dichtung gar nicht, bei den Troubadouren noch genausowenig. Erst mit der Barockdichtung setzte die Trennung ein zwischen geistlichem Lied auf der einen Seite und einer »reinen«, musiklosen Literaturschiene auf der anderen.

Meine Theorie ist aber, daß das heute wieder zusammenkommt. Meiner Meinung nach sind die besten Dichter heute in der Musik, machen Bands, sind Songschreiber. Und vielleicht kriegt Bob Dylan ja doch noch mal seinen Nobelpreis.

Daß sich die Koppelung von Autorenlesung und Popmusik als Genre doch nicht so stabilisiert hat, wie aus der Popularität der Einzelkomponenten zu vermuten, hat einen einfachen Grund: den Sog zum *Song*, der – allgemein- wie popkulturell alteingesessen – jeden Autor, der sich zu weit ins Musik- bzw. Popfeld vorwagt, aufzusaugen droht und bestenfalls zur Gründung einer literarisch ambitionierten Band (oftmals mit schwachem Sänger) führt. Neben solcher Übermacht mußte der Status dessen, was zugleich noch Autorenlesung und schon (Pop-)Musik sein wollte, stets vergleichsweise fragil, dafür aber auch exklusiv bleiben. Dies gilt im deutschsprachigen Raum genauso wie für die angloamerikanischen Sixties-Pioniere, sei es das britische Beat& Poetry-Kollektiv *The Liverpool Scene* (mit den Dichtern Adrian Henri, Brian Patten und Roger McGough), das US-Underground-Folk-Flagschiff *The Fugs* (mit Tuli Kupferberg, Ed Sanders und Ken Weaver) oder das kanadische Expanded-Art-Projekt *Intersystems* (Dichter hier: Blake Parker). Allenfalls wo die Popentwicklung sich nachhaltig vom Song entfernt hat, etwa bei Techno/House, ergaben sich später größere, obschon bislang auch eher sporadisch genutzte Freiräume.

Frau Förster-Nietzsche bat Johannes Schlaf, der einmal bei ihr vortragen sollte, er möchte nur ja nichts Anstößiges vorlesen, da unter den Zuhörern einige junge Mädchen sein würden. Johannes Schlaf wählte daraufhin eine Erzählung aus, die unter Kaiser Nero in Rom spielte und an Anstößigkeit kaum zu übertreffen war. **Otto von Traube**

Nichtsdestotrotz hinterließen alle seit 1966 – meist als leicht verzögerter Mitvollzug internationaler Trends – in die deutschsprachige Literaturentwicklung hineingeschwappten Beat- und Popwellen auch in der Lesungspraxis ihre Spuren: Punk/New Wave gab Figuren wie Kiev Stingl ab 1979 das sozio-/popkulturelle Umfeld zum wirksamen Ausagieren ihrer Konfrontationsenergien; die Hardcore-/Fanzine-Kultur der Endachtziger prägte die bukowskoide Lesungs- und

Festivalpraxis des frühen Social Beat; und selbst die Mainstream-Rock/Pop-Orientierung der neueren deutschen Popliteratur seit ca. 1995 fand ihren Niederschlag in entsprechend mainstreammedien-kompatiblen Präsentationsformen und (TV-)Stargastauftritten.

Am meisten Kontur und Kontinuität aber erreichte kennzeichnenderweise ein Format, das, obgleich in seiner Entstehung eng mit der Rap-Bewegung verknüpft, weniger von einem bestimmten Popstil als von der Fähigkeit lebt, beliebige literaturperformerische Bestrebungen zu kumulieren und in ein agonales Verhältnis zu setzen: Poetry Slam. Die anhaltende Erfolgsgeschichte dieser teils subkulturellen, teils spaßgesellschaftlichen Reanimation uralter Sängerwettstreitsrituale beginnt im deutschsprachigen Raum gegen Mitte der 90er Jahre – wenngleich es, was das zugrundeliegende Ich-und-das-Mikrophon-gegen-den-Rest-der-Kneipe-Setting angeht, auch hier durchaus Vorläufer gab.

Was man wirklich nicht vergessen sollte, sind die Batschkapp-Sachen. Carlo Roth, der Batschkapp-DJ, sagte Anfang der 90er zu mir: Ich will hier während der Buchmesse eine Disco-Nacht machen, wo vor allem Patti Smith und so, also Leute, die auch Bücher schreiben, gespielt werden. Und wir wollen dich – so als den Beat-Dichter Deutschlands – um Mitternacht da auftau-

Ich blicke kaum sekundenlang auf und sehe doch genau, wie das Publikum aussieht. Die Köpfe »hängen«, das heißt, sie sind alle etwas schief zu mir geneigt, die Augen blicken ein wenig durch die Stirn und sind dabei schwere dunkle Tropfen, wie die Augen einer wollustbetäubten Frau.
Sigismund von Radecki

chen lassen, sozusagen aus dem Nichts, und dann: »Spotlight an!« Er wollte ein paar Sounds auflegen, und ich sollte dazu Texte machen.

Beim ersten Mal war die Batschkapp gerammelt voll, und als ich anfing, mit einem extra für diesen Gig geschriebenen Gedicht, war das für die meisten Leute da vollkommen schockierend. Mit dem Ergebnis, daß es ein Chaos gab wie selten, bis hin zur Schlägerei. Die einen wollten mich hören, die anderen nicht, es gab Gepfeife und Geschrei. Ich habe den Ball aufgenommen, hatte meine Gedichte sowieso längst weggeschmissen, und habe frei geantwortet. Leider sind diese Aufnahmen nicht richtig erhalten, entweder ist nur Musik drauf oder nur Wort, weil da die falsche Buchse angeschlossen war. Aber dieser erste Batschkapp-Auftritt war absolut ein Highlight. Daraus entstand dann auch das Buch Batschkapp-Gedichte.

Mit ihrer zeitlichen Begrenzung und der Kontrastwirkung zum Vorher/Nachher bietet die Slam-Bühne ein hervorragendes Experimentierfeld für beliebige popassoziierte Formen: fertige oder Freestyle-Raps (begleitet oder unbegleitet), Brüll-Performances, Sex- und/oder Drugs- und/oder Rock'n'Roll-Lyrics, Road- und Szenestories, Manifeste, usw. – selbst verirrten Eichendorff-Epigonen eignet im Slam-Spotlight ein glamourös nicht-intendierter Popappeal.

Gleichwohl erzeugt auch das vermeintlich unbeschränkte Forum auf die Dauer einen Druck zu ganz bestimmten, nämlich expressiv-spektakulären Vortragscodes, die, wo sie zu Pflichtübung und Konvention erstarren, ungefähr so poppig wirken wie Joe Cockers Armrudern im Jahr 2003 – was wiederum Gegenbewegungen hervorruft.

Es ist schon so, daß die naturwüchsige Performance-Haltung irgendwann für viele Leute trendy wurde, Slam-Poetry etc. Man

Das Selbstverständlichste an der Sprache ist nicht das Wort selber, sondern Ton, Stärke, Modulation, Tempo, mit denen eine Reihe von Worten gesprochen werden – kurz, die Musik hinter den Worten, die Leidenschaft hinter dieser Musik, die Person hinter dieser Leidenschaft: alles das also, was nicht geschrieben werden kann. **Friedrich Nietzsche**

mußte auf der Bühne etwas liefern, mußte die Hände bewegen, bißchen schreien, bißchen mit den Hüften schlackern usw. – das gehörte plötzlich einfach mit dazu. Und dazu gibt es jetzt eben die Rückwärtsbewegung, z.B. auch bei Kiev Stingl, der jetzt, nach seinen vielen Szene-Actions, plötzlich Sonette schreibt, sogar mit etwas Blut und Boden, und die völlig klassisch vorliest. Jürgen Ploog hat schon immer einfach nur gelesen, nie irgendwelches Show-Gehabe an den Tag gelegt. Und für viele in der Szene wurde jetzt einiges plötzlich als Firlefanz sichtbar, die haben auf einmal gemerkt: Wir haben uns da auf etwas eingelassen, was wir eigentlich gar nicht wollen, wir wollen ja hauptsächlich gehört werden – und müssen da nicht Hampelmänner spielen.

Im offiziellen Literaturbetrieb sind popbeeinflußte Lesungsformen insgesamt nie über den Kuriositäts- und Marginalitätsstatus hinausgekommen, der der etablierten Lesungspraxis insgesamt im offiziellen Popbetrieb zukommt. Es bleibt zu hoffen, daß die kulturindustrielle Verheerung sowohl des Pop- als auch des Literatur-Mainstreams so zügig weiterschreitet, daß bald alle, die das Alphabet noch kennen, wieder mehr wollen als das bloße Alphabet.

Man sagt sich halt: Egal, ich gebe mein Bestes, vor zwei Leuten genauso wie vor zweihundert. Das habe ich von einem ganz merkwürdigen Politiker – von so einer komischen Rechtspartei aus den Sechzigern, ich weiß gar nicht mehr, wie die hieß – gelernt, im Bahnhofslokal von Oberursel bei einer Wahlveranstaltung. Mein Freund Hans Tulatz und ich waren da praktisch die einzigen Fremden, sonst gab es nur alte Parteibonzen. Wir waren als Ostermarsch-Aktivisten hingegangen, um Opposition zu machen, aber dann fing dieser Typ an, stellte sich hin, marschierte auf und ab, rief, wetterte und legte da stundenlang

Ich halte mich höchstens 3 Tage in Berlin auf und habe blödsinnig viel zu tun. Kann Kokoschka nicht in meinen Vortrag kommen und mich zeichnen, während ich vortrage? Da hat er ca. 1 1/2 Stunden das Modell ununterbrochen vor sich! (nur mit 10 Minuten Pause), und da ich während des Modellstehens »jeder beliebigen anderen Beschäftigung obliegen« darf, so stimmt das ja auch. **Richard Dehmel**

einen Vortrag hin. Ich hab mich die ganze Zeit gefragt: »Für wen macht der das? Etwa für uns?« Aber das hat mir solchen Eindruck gemacht, daß ich mir das zum Vorbild genommen habe: Egal wo ich hinkomme, und wenn nur zwei Leute da sind: Ich gebe mein Bestes – das ist Profitum!

Das Interview mit Hadayatullah Hübsch wurde am 16.12.02 in Frankfurt-Zeilsheim geführt.

Wenn es etwas gibt, durch das die Rede an eine vollständige a-signifikante vokale Funktion gebunden wird und was dennoch alle möglichen Signifikanten enthält, so ist es das, was uns erschauern macht, wenn ein Hund den Mond anheult. **Jacques Lacan**

Dezenz ist Schwäche

Gespräch mit Harry Rowohlt

THOMAS BÖHM: *Wie fing es bei Ihnen mit dem Vorlesen an?*

HARRY ROWOHLT: Damit, daß Verleger Haffmans ein Rundschreiben geschickt hat an all seine Autoren und Übersetzer, ob sie überhaupt bereit wären, auf Lesereise zu gehen und was sie für Honorarvorstellungen hätten. Und da hab ich angekreuzt »ja« und ausgefüllt »überhöht«. Das war vor 16 Jahren. 1987.

Ihre ersten Lesungen waren aus den Büchern von Flann O'Brien; charakterreiche, skurrile Texte. Wie haben Sie sich darauf vorbereitet, Sie haben ja keine professionelle Stimmausbildung?

Ich hab lediglich von Anfang an versucht, das zu vermeiden, was mich an anderen Dichterlesungen stört: daß eine Doppelnamentussi vierzig Minuten lang Gedichte liest, die sich nicht reimen, und dazu Mineralwasser trinkt, das nicht sprudelt, und danach ist Diskussion.

Diskutiert wird bei Ihnen grundsätzlich nicht?

Nein. Ich gestalte meine Lesungen so lang, daß alle heilfroh sind, daß sie wieder wegdürfen. Ich brauch mich ja auch nicht unterbrechen zu lassen zum Diskutieren – das mach ich ja selbst. Die *Kieler Nachrichten* haben mich neulich als »Paganini der Abschweifung« bezeichnet. Und das habe ich einem Veranstalter erzählt, der daraufhin in der Begrüßung sagte: »Und nun freuen wir uns, den ›Papageno der Abschweifung‹ zu begrüßen.« Das war mir natürlich auch recht.

Gibt es keinen anderen Grund für die Länge Ihrer Lesungen, die ja teilweise vier Stunden dauern?

Als ich meine erste Lesung hatte, bei der Buchhandlung Peter Klein in Aachen, war ich so gerührt und bestürzt, daß da Leute hingegangen sind gegen Geld, daß ich dachte: dann sollen sie auch gefälligst Vollbedienung kriegen. Meine zweite Lesung war in Köln, bei der Buchhandlung Klaus Bittner, und da dachte ich: »Warum soll ich Köln schlechter behandeln als Aachen?« Und irgendwann hatte sich das eingebürgert. Mittlerweile ist es so, daß gemeckert wird, wenn eine Lesung kürzer ist als vier Stunden. Vor Jahren bei der JuSo-Hochschulgruppe in Frankfurt am Main riefen die Genossen um drei Uhr morgens: »Du unterschätzt uns. Wir können noch.«

Haben Sie eine Methode, mit der Sie sich auf das Vorlesen vorbereiten?

Nein. Beim Übersetzen und beim Schreiben geh ich von vornherein akustisch vor. Horst Traube, der war mal Dramaturg am Thalia-Theater, hat zu mir gesagt [berlinert]: »Deine Übersetzungen, die ham irjentsowat Musikaalischet. Dir hätte längst der Wurlitzerpreis jebührt.« Und wenn das schon mal da ist, braucht man es eben nur noch vom Blatt zu singen.

Was macht einen Text für Sie gut lesbar?

Das weiß ich auch nicht. Ich habe grade Flann O'Briens »In Schwimmen zwei Vögel« auf Band gesaut – das ist, wie Sie vielleicht wissen, ein Schüttelreim [singt]: Wer Gott dem Allerhöchsten traut, der hat noch nie auf Band gesaut.

Ich hob mein Glas und sagte: »Es stellt sein Licht nicht untern Schemel, der große Dichter Richard Dehmel.« Darauf Lächeln und Schmunzeln. Nach kurzer Zeit klopft Dehmel an sein Glas und antwortete mir: »Wäre nicht der Attentäter dieser Döblin, so würde ich ihn arg vermöblin.« **Alfred Döblin**

Ich hab das Buch übersetzt, daraus gelesen, eine Doppelrolle in einer Dramatisierung gespielt –, aber so hab ich mich noch nie geschunden.

Worin lag das Problem?

Daß ich mir verschiedene Stimmen ausdenken mußte, die aber nicht richtig verschieden waren. Hätte ich die Stimmen der Laiendarsteller aus der Wiener Inszenierung von 1991 nachmachen dürfen, hätte mir das sehr geholfen. Wie bei Puh der Bär, wo ich hemmungslos chargieren konnte. Die Stimme von I-Ah zum Beispiel, des misanthropischen, autistischen Esels, hab ich zu 80% von dem deutschen Romancier Georg Lentz und zu je 10% von Hilde Knef und Peter Zadek übernommen. Jedesmal, wenn Georg Lentz seitdem in Deutschland ist – er lebt seit langem in Frankreich – und anfängt rumzuknatschen, sieht er sich plötzlich von Kindern umgeben, die ihn fragen, ob er I-Ah, der Esel, ist.

Wie entwickeln Sie all die unterschiedlichen Stimmen für Ihre Lesungen?

Ich geh auf Stimmenfang. Wenn jemand komisch oder unverwechselbar spricht, versuch ich das einzubauen.

Was tun Sie für Ihre Stimme?

Nix. Ich kann meine Stimme nicht leiden. Ich finde, sie klingt grauenvoll.

[Rudolf Alexander] Schröder liebte es, seine Gedichte vorzulesen, und konnte das stundenlang aushalten. Nicht ganz so lang die Zuhörer. […] Und da sagte [Schröder] einmal: »Wenn die Herren, welche sich unterhalten, etwas weniger Lärm machen würden als die Herren, welche schlafen, würde das den Herren, welche zuhören wollen, nicht unangenehm sein.«

Franz Blei

Sie trinken bei Ihren Lesungen Whiskey ...

Meine gesamten Hörbücher sind stocknüchtern entstanden. Wenn man mich zu Lesungen bucht, erscheine ich immer blitznüchtern, weil ich der Meinung bin, daß das Publikum ein Anrecht darauf hat, mitzuerleben, wie der Referent sich zugrunde richtet. Ich fang allerdings immer spät mit dem Trinken an. Ich verachte Kollegen, die bereits breit wie ein Schützenkönig erscheinen. Das ist Beschiß am Publikum.

Wenn Sie mit Autoren, die Sie übersetzt haben, wie David Sedaris oder Roger Boylan, auf Tournee gehen, hören Sie sich dann an, wie die ihre Texte lesen und imitieren das?

Es ist eher umgekehrt. Auf der Frankfurter Buchmesse hatten Frank McCourt und ich eine Lesung. Er fing an, dann ich. Und ich habe meinem Affen richtig Zucker gegeben. Glaubwürdige Mitglieder des Publikums erzählten mir später, man hätte seinem Gesicht ansehen können, daß er dachte: »Ach, mit übertriebener Betonung und mit verschiedenen Rollen? Wenn es das ist, was du willst, Alter –, das können wir auch.« Und dann hat er auch lustvoll chargiert. So daß man eher sagen kann, ich hab mehr Einfluß auf die Autoren als die Autoren auf mich. Schlechten Einfluß.

Wenn Lesungen langweilig erscheinen, liegt es daran, daß die Autoren ihrem Affen nicht Zucker geben?

George Moorse, der auch manchmal in der Lindenstraße Regie geführt hat, hat mir mal gesagt: »Dezenz ist Schwäche.«

Eine sehr reizende junge Frau pflegte aber regelmäßig einzuschlafen [während Arthur Schnitzler seinen »Intimen« vorlas]. Einmal jedoch geschah es, daß sie wach blieb. Triumphierend ruft Schnitzler: »Heute sind Sie einmal nicht eingeschlafen!« »Ja«, antwortet sie, »ich habe so starke Zahnschmerzen, daß ich nicht schlafen konnte.« Niemand lachte so stürmisch wie Schnitzler. **Bertha Zuckerkandl**

Ich finde schon, daß Zwischentöne Zwischentöne bleiben und nicht alles herausgebrüllt werden sollte. Aber: die Aufmerksamkeitsspanne von Erwachsenen ist genauso lang wie bei Kindern: maximal zweieinhalb bis drei Minuten. Und deshalb muß immer irgendwas passieren. Man muß das Publikum irgendwie erschrecken. Ich hatte eine Zeitlang eine Reiseflasche Paddy, die aussah wie Glas, aber aus Plastik war. Und wenn gar nichts mehr half, hab ich die umgestoßen, so daß das Publikum aufwachte und dann doppelt aufwachte, weil es nicht klirrte. Oder neulich im Roten Salon der Volksbühne hatte ich eine Lesung zusammen mit Verleger Bittermann. Am Tag vorher hatte mir der Zahnarzt ein Provisorium ins Maul gebaut und ich hab das Publikum darauf hingewiesen, daß mir jederzeit dieses Provisorium aus dem Kopf fallen kann. Damit war ich natürlich der ungeteilten Aufmerksamkeit sicher.

Das alles ist eiskaltes Kalkül. Auch die Abschweifungen. Viele glauben, das sei stream of consciousness. In den allermeisten Fällen finde ich aber bei den Abschweifungen den Faden wieder, was mir schon manchen verwunderten Szenenapplaus eingetragen hat. Und wenn der Faden weg ist, hat man immer noch das Publikum. Irgendjemand Boshaftes, der weiß, was man ursprünglich wollte, gibt es immer.

Wer laut und tief spricht, ist rücksichtslos. Man überträgt es auf die Esel.

Einer von zahlreichen Vergleichen von Mensch- und Tierstimme, die **Aristoteles** anstellte

Thomas Böhm

Für ein literarisches Verständnis von Lesungen

Auch wenn die vorangegangenen Texte die Potentiale der Lesung als Kulturpraxis zum Ausdruck bringen, sollte das nicht über ein bestehendes, eklatantes Mißverhältnis hinwegtäuschen: Autorinnen und Autoren arbeiten Monate und Jahre an ihren Texten, betreiben einen hohen Aufwand an Gestaltung von Sprache. Für die Präsentation ihrer Texte vor Publikum jedoch, für die Lesung, wird kaum ein adäquater Aufwand an Kreativität, Gestaltungs- und Erkenntniswillen betrieben, weder seitens der Veranstalter, noch seitens der Kritik und der Literaturwissenschaft.

Die Lesung – ein Phänomen des Literaturbetriebes?

Das Ausbleiben einer Beschäftigung mit der Autorenlesung wird oft damit begründet, daß es sich um ein Phänomen des Literaturbetriebes handle und dieser Aufblähung des Sekundären nicht allzuviel Beachtung geschenkt werden dürfe. Wäre diese Beschreibung gültig, bliebe verwunderlich, worauf Walter van Rossum in seinem Beitrag hinweist: Daß viele derjenigen, die gegen Lesungen polemisieren, immer wieder als Autoren, Moderatoren und Gesprächspartner bei Lesungen anzutreffen sind. Klammert man die sicher nicht unbedeutenden finanziellen Motive aus, so scheinen diese lesungskritischen Lesungsakteure trotz allem in öffentlichen Veranstaltungen einen Resonanzraum zu sehen, in dem die Möglichkeit besteht, Ergebnisse des Schreibens wie der Forschung, Ansichten, Lesarten einem Publikum vorzustellen, das viel direkter darauf reagieren kann als die abstraktere Öffentlichkeit der Zeitungsleser oder Wissenschaftskollegen. Da das Publikum von Lesungen stets gemischt ist und vom

Erstbesucher bis zur Expertin jede Art von Leser umfassen kann, sind die Ansprüche an die Vermittlung hoch, ist die Lesung bzw. der öffentliche Vortrag der demokratische Ort der Literaturvermittlung schlechthin – ein Begriff, der später noch zu füllen sein wird.

Vernachlässigt, beziehungsweise wenig komplex dargestellt werden Lesungen zunächst in der feuilletonistischen Berichterstattung. Die, gemessen an der Vielzahl der täglich stattfindenden Lesungen, wenigen Artikel widmen sich so gut wie nie der Auswahl der Textpassagen und deren Vortrag, der Animation des Buches durch den Autor, so wie dies bei jeder Theaterkritik gang und gäbe ist. Auch eine hinsichtlich der klanglichen Momente des Vortrages mögliche, an der Musikkritik geschulte Lesungskritik findet nicht statt.

Es fehlt außerdem an einer Geschichte der Lesung. Diese könnte vieles leisten. Sie wäre, davon will der *Zettelkasten* dieses Buches eine Ahnung geben, eine Inspirationsquelle für die Gestaltung heutiger Lesungen, indem sie verdeutlichte: Alle Elemente der Lesung sind historisch kontextuiert, befragbar, zu verändern. Dies zeigt bereits eine unsystematische Auswahl von Gesichtspunkten und Themen, denen eine Geschichte der Lesung Rechnung tragen müßte: die Entwicklung von Schriftlichkeit und Mündlichkeit – bereits seit der Antike ein philosophisch aufgeladener Gegensatz, das Verhältnis von Gesang, Rezitation und Vertonung, Lesungen im Kontext religiöser Rituale, Aufführungsorte, Publikumssoziologie, die Entwicklung des Mediums Buch, die sozialen Funktionen des Vorlesens. Für die Antike müßten insbesondere rhetorische Lehren in die Betrachtung einbezogen werden, wohingegen ab der Frühen Neuzeit Schriften zur Schauspiel- und Stimmkunst Bedeutung gewinnen. Zu berücksichtigen wären auch die Mischformen literarischer und theatralischer Veranstaltungen und seit der Ro-

Vox audita perit, littera scripta manet
(Das gesprochene Wort verweht, das geschriebene besteht) Lateinisches Sprichwort, 1481 zitiert von **William Caxton**, dem ersten Drucker Englands

mantik: Geniekult, kongeniale Leser, Berufsschriftstellerei, Verlagsmarketing, etc. Mit anderen Worten: Eine Geschichte der Lesung wäre die denkbar lebendigste, komplexeste Form der Literaturgeschichtsschreibung.[1] Es ist allerdings nicht absehbar, daß irgendwo eine solche Lesungsforschung betrieben, Forschungsmittel vergeben, eine weitere Unterdisziplin der Literaturwissenschaft geschaffen und die dazugehörigen Lehrstühle eingerichtet würden. Somit bleibt jedoch

zu fragen, ob die Literaturwissenschaft ihren eigenen Ansprüchen gerecht wird, wenn sie die Lesung als wesentliche Erscheinungsform der Literatur wie bisher vernachlässigt.[2] Das offensichtlich vorherrschende Primat der Schriftlichkeit verhindert die von der Wissenschaft idealerweise angestrebte Auseinandersetzung mit einem Werk anhand all seiner Bestandteile, da die von den Autoren selbst vorgenommene Animation eines Textes sowie spontane Äußerungen auf Fragen von Gesprächspartnern, Moderatoren, Besuchern übergangen werden.

Die mangelnde historische, wissenschaftliche, feuilletonistische Auseinandersetzung mit der Lesung hat nicht nur zum Klischee der bildungsbürgerlichen Pflichtveranstaltung geführt, sondern auch zum Fehlen jeglicher Maßstäbe des Gelingens von Literaturvermittlung durch Lesungen.[3] Wo Maßstäbe, wo ein tiefergehendes Verständnis für die Geschichte, das Potential, die Gestaltung von Lesungen fehlen, bleibt auch die Kritik an Veranstaltungen immer nur punktuell, hat keine nachhaltige Wirkung. Und so gehen die schlechten Veranstaltungen immer weiter – entgegen den kulturellen und letztlich auch wirtschaftlichen Interessen aller Beteiligten.[4]

Was uns vom mündlichen Vortrag von Autoren oder auch von anderen Sprechern phonographisch aufgezeichnet oder in schriftlichen Zeugnissen dokumentiert ist, gibt uns Zugang zur Vitalität der Texte, der Geschichte ihrer performativen Aneignung und Darbietung. Gerade unter Bedingungen der Schriftkultur ist eine einzigartige Vortragskunst seit der Aufklärung

Gründe für den schlechten Standard von Lesungen gibt es viele. Der wichtigste: Es fehlt an einem avancierten, der Literatur angemessenen Verständnis der Lesung.[5] Ein Verständnis, von dem nicht nur das Gelingen der Lesung, sondern auch die begleitenden Maßnahmen abhängen.

Ein solches, avanciertes Verständnis der Lesung wäre »literarisch« zu nennen, weil dieser Begriff alles enthält, worauf es bei der Lesung ankommt: sprachlichen Gestaltungswillen, Kreativität, Klang und Musikalität, (literarische) Fachkenntnis, Psychologie – gebündelt in einem grundlegenden Erkenntnisinteresse. Wobei dieses Erkenntnisinteresse nicht mit dem Bedürfnis des Publikums nach »Botschaften«, politischen Aussagen, Lebensweisheiten zu verwechseln ist.[6] Lesungen sollten zuallererst – durchaus mit einem pädagogischen Impetus – auf den Eigenwert der Literatur bedacht sein und anstreben, eine sowohl ästhetische wie intellektuelle Erfahrung zu ermöglichen.

Ziel der Veranstalter muß es sein, einen Rahmen zu schaffen, in dem die »Innere Musik« der Autoren zum Erklingen gebracht wird, um einen Begriff des Lyrikers Ted Hughes für das »Zusammenspiel psychologischer Komponenten« zwischen Mensch und Wort, Autor und Text, Körper und Klang zu gebrauchen.[7] Diese Vorstellung der »Inneren Musik« ist nicht als Form von Geniekult mißzuverstehen, der im übrigen mit den nachfolgend skizzierten, intellektuellen Ansprüchen an die Lesung nicht in Einklang zu bringen wäre. Allerdings gibt es in Deutschland – aus gegebenem historischen Anlaß – eine Scheu, über das auratische Moment der Begegnung mit charismatischen Persönlichkeiten zu spre-

entstanden. Eine kulturgeschichtliche Untersuchung hätte diese vokalen Interpretationen zu kontextualisieren und zu historisieren, mit Ohren für die Resonanzen des soziokulturellen Kontextes wie auch für das Überlieferungsgeschehen der Konventionen und Schultraditionen des Sprechens in unterschiedlichen Medien und Kunstgattungen. **Reinhardt Meyer-Kalkus**

chen. Die Begegnung mit beeindruckenden Autoren kann vermitteln, welche existentielle Bedeutung Literatur hat, welche Ansprüche die Literatur stellt.

Die Besucher setzen sich zur »Inneren Musik« einer Autorin oder eines Autors ins Verhältnis. Um im Bild zu bleiben: Sie begreifen die eigenen Klänge, die eigenen Worte, den eigenen Körper und die eigene Biographie im Zusammenspiel. Sie können neue Töne hinzufügen, neue Ansprüche formulieren.

Auf der intellektuellen Ebene[8] ist von einer Lesung zu erwarten, daß die Autoren auf die Ästhetik der gelesenen Texte angesprochen werden, auf die sprachliche, erzählerische, lyrische Gestaltung – sprich: die literarische Behandlung ihres Themas, auf die Erkenntnisse, die sie bei der Arbeit an Text und Thema gewonnen haben.

Hier ist also erneut das bereits erwähnte Erkenntnisinteresse der Veranstalter gefragt. Aus der Kenntnis des Textes heraus müssen Situationen geschaffen werden, in denen diese Auskünfte zu erhalten sind. Das können die Veranstalter entweder selbst leisten (s. dazu den Beitrag von Hauke Hückstädt) oder indem sie einen Moderator oder einen anderen Gesprächspartner (Schriftsteller, Wissenschaftler, Journalist, etc.) bestellen. Es ist aber auch denkbar, die Autoren im Vorfeld mit einem Erkenntnisinteresse zu konfrontieren, so daß sie ihre Antworten schriftlich formulieren und zum Teil der Lesung machen können.

Es sei nochmals betont: Jedes Element der Lesung kann und muß gestaltet werden. Sowohl die Beiträge dieses Bandes wie auch der *Zettelkasten* liefern so vielfältiges Anschauungsmaterial, daß ich auf Fallbeispiele verzichten kann, zumal diese konsequenterweise nur anhand konkreter Texte und deren Präsentation in Lesungen fruchtbar wären. Statt dessen möchte ich die Idee der »literarischen« Gestaltung an

Und dann ist es eine Art Kulturverpflichtung, für den Dichter zu sein, weil er ein Dichter ist, ganz einerlei, was für einer. Deshalb, weil so viele gegen den Dichter sind, nur weil er Dichter ist; ein Mensch, der sie offenbar

einem vermeintlich unscheinbaren Beispiel demonstrieren: Immer wieder ist zu erleben, wie in den Einleitungen zu Lesungen lange Ausführungen zur Person und zum bisherigen Werk der vorzustellenden Autoren gemacht werden. Für die Zuhörer ist es allerdings kaum möglich, sich Titel, Jahreszahlen, Inhaltsangaben zu merken, zumal die Erfahrung zeigt, daß nur das wenigste davon relevant ist für den Abend. Davon abgesehen entsteht eine seltsame Situation: Jemand

redet, die Autorin oder der Autor sitzen schweigend da, bis sie zum Lesen aufgefordert werden. Es wäre ein leichtes, dem Publikum diese Informationen, sofern sie für wichtig gehalten werden, auf andere Weise zugänglich zu machen: in einem Programmzettel, im Internet.

Neben diesem Gespür für das, was in einer Veranstaltung seinen Platz hat und was nicht, gehört zu einem literarischen Verständnis von Lesungen das Bewußtsein des Nicht-Vermittelbaren. Darunter verstehe ich alles, was sich nicht in eine Aussage fassen läßt, sondern nur in Konstellationen darstellbar ist. Das, wofür es keine Worte gibt, sondern nur lyrische und erzählerische Einkreisungen. Und das, was nur im Prozeß des Lesens erfahren werden kann, in der Verräumlichung und Verzeitlichung des Textes und eben nicht auf die kurze Distanz der Lesung.

Wenn die Organisation von Lesungen aus diesem literarischen Verständnis heraus betrieben wird, fallen viele Organisationsschritte leicht, z.B. Werbung und Pressearbeit für die Lesung, die auf der Basis einer klaren Vorstellung der Veranstaltung inhaltsreicher, prägnanter, attraktiver werden. Bei der Gestaltung der Abende lassen sich aus einem formulierten Erkenntnisinteresse die Begrüßung, die Einleitung und Führung eines Gespräches ergiebiger und sicherer bewerkstelligen. Vor allem aber kann der Kontakt mit den Autoren »auf Augenhöhe« stattfinden, was notwendig ist, weil

zwingen will, in ihre Gedanken- und Gefühls-Rechnungen Elemente einzuführen, welche die ganze, sonst so simple Rechnung zu verwirren und umzuschmeißen drohen. **Alfred Polgar**

es ihrer Kooperationsbereitschaft bedarf, um die Inszenierungsideen des Abends umzusetzen. In diesem Zusammenhang ist es immer wieder überraschend festzustellen, wie wenig Veranstalter im Vorfeld einer Lesung den Kontakt zu ihren Gästen suchen. In der Regel werden die Textstellen, die an einem Abend vorgelesen werden, kurz vor der Veranstaltung abgesprochen, wenn die Auswahl nicht sogar ganz den Autoren überlassen bleibt. Das ist pragmatisch, unaufwendig, beinhaltet aber ein hohes Risiko für das Gelingen der Lesung, weil z. B. nicht mehr zu gewährleisten ist, ob sich das Erkenntnisinteresse des Veranstalters, die behauptete Relevanz eines Buches, in den gelesenen Textstellen abbildet.

Viele im *Zettelkasten* gesammelte Zitate handeln davon, daß Lesungen schon im Vorfeld scheitern, weil die Autoren in verschiedener Hinsicht auf sich selbst gestellt sind, nicht wissen, was auf sie zukommt. Nimmt der Veranstalter seine Rolle ernst, gehört die Autorenbetreuung vor der Lesung bereits zur Lesung: man lernt sich kennen, kann nochmals besprechen, was in der Veranstaltung möglich ist und was nicht. So beginnt das Gespräch über Literatur wie auch über den Ort und das Umfeld der Veranstaltung, über das, was den Gast erwartet. Zur Autorenbetreuung gehört ebenso, Gelegenheit zur Orientierung in der Stadt zu geben, sich durchaus als Reiseführer zu verstehen. So entstehen weitere Kontexte, Anknüpfungspunkte zwischen der Lesung und ihrem Schauplatz; die Lesung wird verortet, ist nicht eine beliebige, konturlose Station auf einer Lesereise.

Bei all diesen Vorbereitungen und Absprachen, geht es nicht um detaillierte Vorschriften oder Festlegungen, sondern darum (wie Michael Lentz in seinem Beitrag treffend

Schreiben Sie mir bitte die Adressen des Veranstalters und wann der Auftritt ist. Danach – je weniger Korrespondenz, desto besser. Schreiben Sie mir nur, wenn es unvermeidlich ist; vor allem möglichst nichts, was ich lesen oder beantworten müßte. Ich erscheine zu Beginn der Lesung im Veranstaltungslokal, etwa fünf bis zehn Minuten nach der festgesetzten Zeit. Vorher keine Sorgen drum machen. **Schuldt**

beschreibt) einen Rahmen zu schaffen, eine Inszenierung. Aber nicht im Sinne des Theaters, »nicht Vorinszenierung bis zur abrufbaren Pose, die [man] jeden Abend wiederholen könnte«. Nur ein solchermaßen gestalteter Rahmen lädt die Autoren zur Spontanität ein. Die Lesung wird so unvorhersehbar wie eine gute Geschichte.

Ein literarisches Verständnis von Lesungen, wie ich es zu umreißen versucht habe, stellt hohe Ansprüche an deren Gestaltung. Ansprüche, die aus ihrem Gegenstand, der Literatur, abzuleiten sind. Wenn diese Ansprüche erst formuliert sind, ist viel gewonnen: eine ergiebige Ideenquelle, Selbstkontrolle und -bestätigung, Ansporn. Daß seitens vieler Autoren ein solches Verständnis von Lesungen als Kooperationsbasis begrüßt würde, zeigen die Beiträge dieses Bandes.

Die Autoren und ihre Animation zum Buch

Vieles können Veranstalter leisten, fast alles steht und fällt mit den Autoren, bei denen genausooft wie bei den Veranstaltern ein mangelndes Verständnis für Lesungen anzutreffen ist. Das beginnt häufig mit dem wichtigsten: der Auswahl der Textstellen und ihres Vortrags. Viele Autoren besitzen nicht die stimmliche Fertigkeit, ihre Texte zu lesen. Dabei – das zeigen die Beiträge dieses Bandes über die Stimme und das Vorlesen – kommt es nicht darauf an, schauspielerische Fähigkeiten zu entwickeln, sondern die eigene Stimme zu finden, einen, wie Bernt Hahn es nennt, »spontanen, authentischen Ausdruck«. Daß man, Hahn zufolge, durch beständiges eigenes Vorlesen und hörende Überprüfung zu diesem Ton gelangt, ist sicher richtig. Einige Stunden Sprechunterricht lassen die eigenen Fehler und Schwierigkeiten dennoch schneller erkennen. Eine Umfrage unter 25 deutschsprachigen Verlagen, die ich begleitend zur Arbeit an diesem Buch angestellt habe, ergab, daß kein Verlag seinen Autoren Stimm- oder Vorlesetraining anbietet, obwohl alle Verlage

Die besten Kritiker sind aber Achtung vor den Zuhörern, Schamgefühl und Angst. **Plinius der Jüngere**

betonten, daß Lesungen für sie ein wichtiges Mittel des Buchmarketings sind.

Doch nicht nur bei der stimmlichen Darbietung, sondern auch bei der inhaltlichen Gestaltung seitens der Autoren sind häufig Mängel festzustellen. Oft werden z. B. Passagen ausgewählt, die beim Schreiben einen besonderen Aufwand erfordert haben oder die Schlüsselstellen im Kontext des Buches sind. Beides vermittelt sich jedoch in der Lesung nur schwer und erfordert Erläuterungen. Diese können aufschlußreich sein, müssen aber genau bedacht werden – vor allem aus der Perspektive des Publikums, das in der Regel den vorgetragenen Text zum ersten Mal hört.

Die Aufgabe, die die Lesung an Autoren stellt, ließe sich zugespitzt als »Frontalanimation« beschreiben. Animation im dreifachen Sinn, zunächst in einem technischen: Aus den ausgewählten Teilen, die gelesen und besprochen werden, muß das ganze literarische Projekt eines Buches sichtbar werden. Das Vorlesen und das Gespräch über das Buch sind wörtlich genommen »Animation«, Beseelung, in dem bereits besprochenen Sinn (»Innere Musik«). Und letztlich, dieser Aspekt sei nicht vergessen, soll die Lesung zur Auseinandersetzung mit dem vorgestellten Buch animieren. Das alles geschieht »frontal«, vor Publikum, dessen Aufnahmefähigkeit genausowenig vernachlässigt werden darf wie der Anspruch auf eine dem Text adäquate Form des Vortrags, die das Erleben seiner klanglichen Qualitäten ermöglicht.

Ebenso wie die Veranstalter müssen auch die Autoren Gestaltungswillen aufbringen, die Lesung im Detail planen. Hierbei ließen sich zum Beispiel die Verlagslektoren als

Diese Sorgfalt wird bei den heutigen Literaturevents, allen voran den großen Literaturfestivals, nicht aufgewandt. Daraus kann man den Festivalmachern nicht einmal einen Vorwurf machen. Wie will man auch ein Festival mit Dutzenden von Lesungen in wenigen Tagen so vorbereiten, daß man die Bücher der eingeladenen AutorInnen (die ja zudem meist auch noch Neuerscheinungen der Saison sind) liest, überlegt, welche Gespräche sich darüber führen ließen, wer ein geeigneter Gesprächspartner wäre, welche Text-

Berater heranziehen, die mit den Texten ähnlich gut vertraut sind wie die Autoren und aus dieser Kenntnis heraus Vorschläge für die Auswahl geeigneter Passagen machen können. Darüber hinaus wissen die Lektoren aus den Gesprächen über die Texte, welches die Themen sind, über die die Autoren ergiebig und erhellend reden können. Kommt zu dieser Beratung und den stimmlichen Fähigkeiten noch das (literaturwissenschaftliche) Fachwissen, das zum vorzustellenden Buch gehört, sind Autoren die idealen Partner für Veranstalter mit einem literarischen Verständnis von Lesungen. Aber selbst wenn es Veranstaltern an diesem Verständnis mangelt, werden Autoren, die wissen, wie sie einen Text lesen und was sie über ihn sagen können und wollen, mit Sicherheit gute Animateure ihrer Texte sein.

Die gelungene Lesung

Wenn mehrfach vom Gelingen der Lesung und den Kriterien dafür die Rede war, so gilt für die Lesung letztlich, was für jedes Buch gilt: es stellt die Regeln seines Gelingens selbst auf. Zwar gibt es objektivierbare Kriterien, aber die Leistung eines Textes (wie einer Lesung) kann gerade darin bestehen, mit diesen Kriterien zu brechen, wie Johannes Ullmaier in seinem Beitrag illustriert.

Ich möchte am Ende meiner Überlegungen einige Ideale der Lesung, Aspekte ihres Gelingens formulieren – gegen ihre Kritiker, gegen ihr Image, für ihr Potential. Als Anreiz, Lesungen zu veranstalten. Als Maßstab.[9]

Lesungen und private Lektüre verbindet, daß sich Momente der Selbstvergessenheit, des Aufgehens im Text, des Lese-

passagen gelesen werden könnten? Das erfordert einen hohen zeitlichen und personellen Aufwand und widerspricht somit den kommerziellen Interessen der Eventveranstalter. Wer allerdings den Gegenstand seines Events nicht kennt, kann nicht wirkungsvoll den Eventkategorien (Einzigartigkeit, Episodenhaftigkeit, Gemeinschaftlichkeit, Interaktion) gerecht werden. So ist das Event am Ende keines. **Lutger Voss**

glücks einstellen. Es ist belegt, daß unser Gehirn auditive und visuelle Eindrücke kognitiv und affektiv zugleich verarbeitet, die affektive Verarbeitung jedoch schneller erfolgt. Das durch entsprechende Botenstoffe im Kopf beim Lesen entstehende Glücksgefühl ist ein »Flow-Erlebnis«, eine »autotelische Erfahrung«, eine »sich selbst genügende Aktivität, eine, die man ohne Erwartung künftiger Vorteile ausübt, einfach, weil sie in sich lohnend ist«.[10] Damit ein Flow-Erlebnis

entsteht, müssen auch bei Lesungen verschiedene Faktoren zusammenspielen, um ein »Lesungsglück« zu ermöglichen.

Flow-Erlebnis (allgemein)

1. Eine herausfordernde Aktivität, die den Fähigkeiten entspricht
2. Ein klares Ziel mit konkreten Rückmeldungen
3. Völlige Konzentration und Hingabe
4. Eine Veränderung des Zeitgefühls
5. Eine spielerische Autonomie
6. Die Überwindung von Ich-Grenzen

Flow-Erlebnis (bei Lesungen)[11]

1. Auseinandersetzung mit dem (unbekannten) literarischen Text und dessen Urheber(in)
2. Bekanntschaft mit dem Text, erstes Verstehen, Erlebnis des Zuhörens
3. Zuhören, Mitdenken
4. Zeit vergeht »wie im Fluge«
5. Möglichkeit zur Teilnahme (Gespräch) wie zum Verlassen der Lesung
6. Erkenntnis/Erlebnis (»Innere Musik«), die zudem in der Gemeinschaft anderer Besucher gemacht wird

Man wollte nicht glauben, man traute seinen Ohren nicht, die Männer untersuchten das Tier genauer, aber es war und blieb ein ganz natürlicher Affe. »Aber wie ist dies möglich!« rief die Frau Bürgermeisterin, »hat er mir nicht oft seine Gedichte vorgelesen? Hat er nicht, wie ein anderer Mensch, bei mir zu Mittag gespeist?« **Wilhelm Hauff**

Der kulturelle Wert der Lesung besteht im Austausch, der Begegnung mit neuen Ideen, mit Sprachspielen, mit Beschreibungen des Menschen und seiner Gesellschaft.[12] Diese Beschreibungen werden öffentlich dargeboten, können also von den Anwesenden übernommen, weitergedacht, in Frage gestellt, kritisiert, den Autoren zur Überarbeitung zurückgegeben, mit einem Wort »kommuniziert« werden. Unter dem Stichwort »Kommunikation« möchte ich die Lesung ab-

schließend noch einmal anders beschreiben und den Blick auf ihre Komplexität zwischen »Frontalanimation« und Erlebniswert richten.

Das Grundproblem, das sichtbar wird, sobald man über Kommunikation oder Verständigungsprozesse nachdenkt, besteht in einer grundlegenden Spannung zwischen Faktizität und Geltung.[13] Überall dort, wo Individuen in kommunikativer Absicht aufeinandertreffen, kann man diese Spannung beobachten und beschreiben. Einerseits besteht in jeder möglichen Verständigungssituation eine vorgängige diskursive Ordnung, ein (faktischer) Zusammenhang von Lebensgeschichten, Erfahrungen, Macht- und Wissensstrukturen. Diese Faktizität historisch geronnener Kommunikation beeinflußt die Individuen bei ihrer Rezeption der Rede anderer und bei ihrer eigenen Rede. Man sagt eben nicht (vorrangig) das, was man »wirklich« denkt, sondern alle Rede ist letztlich ein Produkt vorgängiger und überindividueller Strukturen, die sich mit individuellen Neigungen, Meinungen und Einstellungen vermischen; »Es spricht« statt »Ich denke«.

Andererseits wäre es falsch, bei diesem Befund stehenzubleiben. Denn das hieße ja, daß alle Verständigung, also auch die über Literatur, zum Scheitern verurteilt wäre oder

Am liebsten sind mir Leute, die sich erst einmal ein wenig orientieren, bevor sie reagieren [...], die zuhören und in der Lage sind, einigermaßen spontan zu entscheiden »das ist komisch« und »das ist weniger komisch«, »das muß man ernst nehmen« – »darüber darf man lachen«, die sind mir am liebsten. **Robert Gernhard**

zumindest nur längst bekannte Ergebnisse zeitigen könnte. Um diesen Eindruck zu korrigieren und zu verstehen, wie in der spannungsreichen Diskussion und Auseinandersetzung um Literatur doch so etwas wie »Fortschritt« der Erkenntnis, der Kultur oder auch nur des eigenen Denkens erzielt werden kann, muß man die Seite der Geltung betrachten. Denn neben ihrer bloßen Faktizität ist jeder Kommunikationssituation eine Geltungsebene eingeschrieben, die jedem geläufig ist. Jeder kennt, und sei es in banalen Situationen, die Erfahrung, sich mit anderen durch Sprache über etwas in der Welt zu verständigen. Diese zwanglos einigende Kraft der menschlichen Rede ist der Sprache ebenso unhintergehbar eingelassen wie die Faktizität einer diskursiven Ordnung den einzelnen Kommunikationssituationen. Mit Argumenten kann man sich auf die Wahrheit von Sachverhalten und auf die Richtigkeit moralischer Überzeugungen verständigen, und dies so, daß die jeweils andere Seite zwanglos in die adäquatere Beschreibung einwilligen kann und die Situation offen bleibt für Anschlußkommunikationen, in denen jedes Thema wieder neu aufgerollt werden kann.

Diese beiden Züge der Verständigungssituation, ihre Faktizität und ihre Geltungsebene, machen den Disput, das angeregte Gespräch über Literatur gleichermaßen unmöglich wie möglich. Niemals wird man nach einer Lesung oder Diskussion über Literatur nach Hause gehen in dem Gefühl, es sei alles gesagt und man habe mit allen anderen einen Konsens über das Gehörte/Gelesene gefunden. Das ist ausgeschlossen und, wo es sich um Kunst handelt, auch nicht wünschenswert. Und dennoch gibt es in beinahe jeder Diskussion ein einigendes Moment, das oft so winzig sein kann, daß man sich lediglich darauf verständigen konnte, worüber keine Einigung besteht. Bei allem Mißverstehen gibt es also

Die Zeit war trist und uns ging es schlecht, ein geliehenes kleines Radio brachte ihre wundervolle Geschichte, von ihnen vorgelesenen mit unnachahmlicher Stimme, in unsere Misere. Wir fieberten der Stunde entgegen und litten mit. Aus einem Brief an **Irmgard Keun**

immer wieder Momente gelungener Verständigung und bei aller Verständigungsabsicht immer wieder Scheitern und Neuanlauf. In diesem Zusammenhang bewegt sich eine literarische Veranstaltung, deshalb geht man dorthin, und deshalb gibt es jederzeit die Möglichkeit, entrückt und begeistert die Lesung zu verlassen. Nur eine Möglichkeit, mehr nicht, aber auch nicht weniger.

All diese Beschreibungen zusammenfassend läßt sich die

Lesung als eine einzigartige Möglichkeit der Erfahrungs-Bildung beschreiben, wobei beide Bestandteile dieses Begriffes gleichermaßen betont sein sollen: Erfahrung der Literatur, ihrer Potentiale, eines beispielhaften Sprechens über kulturelle Gegenstände, das nicht nur positives Wissen vermittelt, sondern auch strukturell bildet, indem es die Formen der künstlerisch gestalteten Sprache und des offenen Dialoges vorführt. Es ist die Aufgabe und der Lohn aller, die an Lesungen beteiligt sind, diese Möglichkeiten zu realisieren.

[1] Wie ergiebig, gerade durch ihre interdisziplinären und historischen Ansätze, Arbeiten aus diesem Kontext sein können, belegt beispielhaft Reinhardt Meyer-Kalkus, Stimme und Sprechkünste im 20. Jahrhundert, Berlin 2001; ebenso: Karl-Heinz Göttert: Geschichte der Stimme, München 1998. Siehe aber auch kleinere Arbeiten wie Lothar Müllers Aufsatz über das »Pathos der Monotonie« in der Vortragsweise Peter Huchels, in: Text und Kritik (157) Heft I/2003. Oder Thomas Steinfelds Essay »Dichter Tourismus. Der Schriftsteller und die literarische Dienstreise«, in: Merkur. Zeitschrift für europäisches Denken, Jahrgang 1988, S. 978-987. Eine interessante Materialsammlung zur Geschichte der Lesung bietet die dreibändige Sammlung Dichter lesen, hrsg. von Reinhard Tgahrt. Band I: Dichter lesen. Von Gellert bis Liliencron, Marbach 1984. Band II: Dichter lesen. Jahrhundertwende, Marbach 1989. Band III: Dichter lesen. Vom Expressionismus in die Weimarer Republik, Marbach 1995.

[2] Ein bezeichnendes Beispiel ist Gérard Genettes Standardwerk Paratexte, das die Lesung nicht zum »Beiwerk des Buches« (so der Untertitel) zählt, obwohl Autoren z. B. in den die Lesungen begleitenden Diskussionen ebensowichtige Aussagen über ihr Schreiben machen wie in den von Genette ausführlich behandelten verschriftlichten Interviews. Vgl. Gérard Genette, Paratexte. Das Buch vom Beiwerk des Buches, Frankfurt a. M./New York 1989.

[3] In den letzten Jahren sind zwei Handbücher erschienen, die mit einer Vielzahl an praktischen Hinweisen Veranstaltern

eine systematische Vorbereitung von Lesungen ermöglichen: Klaus Haag, Lesung und Vortrag. Zu Theorie und Praxis der öffentlichen Leseveranstaltung, Speyer 2001. Sowie Peter Reifsteck, Handbuch Lesungen und Literaturveranstaltungen, Reutlingen 2. Auflage 2000. Bezeichnenderweise sind diese beiden instruktiven Bücher kaum wahrgenommen worden.

[4] Kulturelle und wirtschaftliche Interessen, die durchaus, darin ist Stephan Porombka zuzustimmen, zusammen gesehen werden müssen, was auch die heutige Situation von nichtkommerziellen Lesungsveranstaltern zeigt, die in Zeiten schlechter Haushaltslage den wirtschaftlichen Erfolg ihrer Lesungen im Auge behalten müssen – wobei wirtschaftlicher Erfolg nichts über das Gelingen von Lesungen aussagt und selbstverständlich nichts über ihren Anspruch.

[5] So geben die in Anmerkung 3 genannten Handbücher viele praktische Hinweise zur Organisation von der Lesung, formulieren jedoch kein allgemeineres, avanciertes Verständnis von Lesungen, das meiner Meinung nach nötig ist, um eine Diskussion über die Kulturpraxis Lesung zu führen.

[6] Wobei auch dieses Bedürfnis legitim ist, wie Richard Exner in bezug auf Rainer Maria Rilke ausführt: »Es gehört zu den Merkwürdigkeiten der Wirkungsgeschichte bekannter Dichter, daß [sie] zahlreichen Lesern unabsichtlich ›Lebenshilfe‹ spenden und daß man sich immer wieder ihrer Werke bedient, um sich aus eigenen Wirren und Verwirrungen herauszuarbeiten.« Richard Exner: »Rilkes ›Marien-Leben‹ – Eine Dichtung der ›Zwischen-Welt‹«, in: Rainer Maria Rilke: Das Marien-Leben, vorgestellt von Richard Exner, Frankfurt a. M. 1999, S. 45-68. h. S. 60.

[7] Ted Hughes, »Innere Musik«, in: ders., Wie Dichtung entsteht, Frankfurt a. M./Leipzig 2001, S. 229-234, h. S. 229.

[8] Die vorgenommene Trennung zwischen Erfahrungs- und intellektueller Ebene ist künstlich, dient nur dazu, die verschiedenen Wirkungsmöglichkeiten der Lesung zu formulieren. Tatsächlich springt das Erleben ständig zwischen verschiedenen Ebenen hin und her. Siehe hierzu die Ausführungen über das Flow-Erlebnis im letzten Abschnitt dieses Essays.

[9] Ich gehe dabei nicht weiter auf das Moment der Schönheit, des Wohllautes, des Musikalischen, Klanglichen ein, des Erlebens der Sprache während des Vorlesens, wie Ulrike Draesner, Brigitte Oleschinski und vor allem Bernt Hahn es schildern. Wie groß das Bedürfnis ist, Literatur zu hören, die auf einnehmende Weise gelesen wird, belegt der Erfolg eines Mediums, das wenig anderes bietet als Stimmen, die Texte vortragen. Gemeint ist das Hörbuch, das in den letzten Jahren eine beachtliche Entwicklung genommen hat. Bemerkenswert ist dabei, daß bei den meisten Hörbüchern die stimmliche Darbietung gut ist, während vieles andere, von der Gestaltung des Hörbuchs (Begleittexten, Zugriffsmöglichkeiten auf einzelne Textpassagen, etc.) bis zum Umgang mit den Texten (Streichfassungen, Auswahl der gelesenen Passagen, etc.), sehr nachlässig behandelt wird. Es fehlt also auch hier an einem literarischen Verständnis.

[10] Vgl. Ludwig Muth, »Leseglück als Flow-Erlebnis. Ein Deutungsversuch«, in: Alfred Bellebaum und Ludwig Muth (Hg.), Leseglück. Eine vergessene Erfahrung?, Opladen 1996, S. 57-81, h. S. 61.

[11] Ich möchte die Gedämpftheit einer Fußnote nutzen, um an diesem neurobiologischen Modell des Gelingens vorbei

noch eine Erfahrung zu thematisieren, die für Lektüre wie Lesung gleichermaßen gilt, in der Auseinandersetzung mit dem Erleben von Kunst jedoch vermieden wird, weil sie nicht auf zielgerichtete Wahrnehmung beruht, sondern auf Abschweifung. Diese Erfahrung wurde mir durch ein Bonmot der Lyrikerin Inger Christensen bewußt, die über ein Buch sagte, es sei gut, »weil man beim Lesen so schön an anderes denken kann«. Die Grundhaltung bei Lesungen ist zunächst Konzentration. Wenn diese nachläßt – hoffentlich nicht, weil das Zuhören und Zuschauen sich nicht lohnt –, kann sich ein Abschweifen der Gedanken einstellen, oft inspiriert durch ein Moment der Lesung, durch etwas Gesagtes, Beobachtetes. Diese Abschweifungen führen oft zu Ideen, neuen Gedanken. Lesungen bieten aus verschiedenen Gründen Raum für solche Abschweifungen. Zum einen, weil es in ihnen selbst um Ideen und Sprache geht. Zum anderen, weil sie nicht »reizüberflutet« sind und deshalb längere Gedankengänge ermöglichen. Noch mehr beiseite gesprochen: Es kommt nicht von ungefähr, daß das Abschweifen in diesem Gedankenraum zuweilen mit dem Einschlafen endet. Das ist sicher niemandem angenehm. Aber: Was für ein Einschlafen ist das, während vorgelesen wird? Und was für ein Aufwachen – während gelesen und gesprochen wird? Ein Erwachen in der Sprache.

[12] Ein wichtiger Strang der Geschichte der Lesung in Deutschland ist mit diesem »Ideentransfer« verbunden: Im 18. Jahrhundert entstanden Lesegesellschaften, die eine wichtige Rolle bei der Herausbildung der bürgerlichen Öffentlichkeit spielten. In ihnen wurden literarische, journalistische und wissenschaftliche Texte gelesen und diskutiert, das Gedankengut der Aufklärung auf diese Weise popularisiert. Die Lesegesellschaften waren es auch, die am Ende des 19. Jahrhunderts, nachdem der Prozeß der Professionalisierung der »freien Schriftsteller« vollzogen war, durch ihre landesweiten Einladungen für das Aufkommen der Autorentournee sorgten. Zu den Motiven der Lesegesellschaften für die Einladung von Autoren zählten natürlich auch Repräsentation, gesellschaftliches Prestige, die »feinen Unterschiede«. Aber immer ging es ebenso darum, die Autoren lesen zu hören und mit ihnen ins Gespräch über ihre Werke zu kommen.

[13] Vgl. Serge Embacher, Selbstverschuldete Unmündigkeit. Überlegungen zu den normativen Grundlagen einer Kritik der Öffentlichkeit, Berlin 2001 (Online-Publikation FU Berlin).

Franzobel

Publikumsbefragung

WAREN SIE zufrieden allgemein gesehen mit dieser Lesung? Ja? Kreuzen Sie es bitte an. Wie zufrieden waren Sie mit der Information, der Stimmung, wie mit den Lesungsmitarbeitern, den Buchhändlern? Sehr zufrieden, eher zufrieden, eher unzufrieden, sehr unzufrieden? Kreuzen Sie es bitte an. Mit den Mitarbeitern allgemein, dem Empfang, den Fremdsprachenkenntnissen, der Aufmerksamkeit und dem Erscheinungsbild? Haben Sie während der Lesung Speisen, Getränke, Snacks, Bücher oder Zeitschriften gekauft? Ja oder nein? Würden Sie es wieder tun? Und wie waren Sie zufrieden mit der Auswahl, der Präsentation, der Menge, dem Geschmack? Wie mit der Raumtemperatur? Der Luft? Sehr zufrieden, eher zufrieden, eher unzufrieden, sehr unzufrieden? Kreuzen Sie es bitte an. Warum haben Sie nichts konsumiert? Zuwenig Auswahlmöglichkeit? Zu teuer? Kein Bedürfnis? Stickige Luft? Andere Gründe? Gehen Sie oft zu einer Lesung? Wie zufrieden sind Sie denn mit dem Komfort, der Ruhe und dem Weckservice? Haben Sie sich gut erholt? Wie stand es mit der Sauberkeit an Ihrem Platz, den sanitären Einrichtungen, den ausgelegten Toilettenartikeln? Haben Ihre Sitznachbarn Sie sehr gestört? Und wie verhielt es sich mit der Akustik? Sehr zufrieden, eher zufrieden, eher unzufrieden, sehr unzufrieden? Kreuzen Sie es bitte an. Gab es zusammenfassend während der Lesung irgendeinen Grund, mit dem Vortragenden unzufrieden zu sein? Hat er vielleicht genuschelt, aufgestoßen, gerülpst und sich nicht einmal entschuldigt oder war er arrogant? Nein? Das hört man gern. Sind Sie der Meinung, daß sich der Vortragende im Vergleich zu Ihren früheren Erfahrungen verändert hat?

Verbessert oder verschlechtert? Werden Sie nicht frech. Werden Sie wieder zu einer Lesung des Vortragenden gehen? Würden Sie die Veranstaltung ihrem Bekanntenkreis empfehlen? Nein? Nun beantworten Sie bitte die Fragen zu ihrer Person. Sie waren heute geschäftlich hier? Privat? Warum haben Sie die Lesung und nicht ein anderes Unterhaltungsmedium gewählt? Sie sind alleine hier? In Begleitung? Offiziell oder ein Seitensprung? Geben Sie die Anzahl der Erwachsenen an, die Sie begleiten. Geben Sie die Anzahl der Kinder an. Führen Sie ein Fahrzeug mit? Wie häufig gehen Sie zu einer Lesung? Mindestens einmal in der Woche? Ein bis dreimal im Monat? Vier bis zehnmal im Jahr. Heute das erste Mal? Und? Würden Sie es wieder tun? Jetzt noch Ihr Alter, Ihr Geschlecht und Ihr Beruf. Bitte angeben. Jetzt noch Ihre Nationalität. Das wars. Vielen Dank.

Nach dem letzten Wort klappe ich das Manuskript mit gespielter Gleichgültigkeit zu und verbeuge mich angemessen auf den Applaus hin. Er läßt mich kalt, und doch wäre ich todunglücklich, wenn er ausbliebe. Er hat *dazusein, ich würde im Notfalle selbst applaudieren.* **Sigismund von Radecki**

THOMAS BÖHM, geboren 1968 in Oberhausen. 1995–1999 Mitarbeiter der Literaturzeitschrift *Schreibheft*. Freier Literaturkritiker und Hörspiellektor. Seit 1999 Programmleiter des Literaturhauses Köln.
»Die Lesung ist eine durch die Nähe zu den Autoren und durch die begrenzte Dauer intensivierte Möglichkeit zur Auseinandersetzung mit anderem Denken, mit Sprach-, Rede- und Vorlesekunst sowie mit fremden Menschen, die verbindet, daß sie all dies als Bereicherung ihres Lebens begreifen.«

ULRIKE DRAESNER, geboren 1962 in München. Seit 1994 freie Autorin, Übersetzerin, Essayistin und Herausgeberin. Lebt in Berlin. 1995 erhielt sie den Förderpreis zum Leonce-und-Lena-Preis, 1997 den Bayerischen Staatsförderpreis für Literatur, 2001 den Hölderlin-Förderpreis und 2002 den Preis der Literaturhäuser. Zuletzt erschienen der Gedichtband *für die nacht geheuerte zellen* (2001) und der Roman *Mitgift* (2002).
»Ich bin als Vortragende auf der Bühne, wie ein Sender, verwandele Gesehen-Gedachtes in Stimme.«

JOHN VON DÜFFEL, geboren 1966 in Göttingen. Arbeitete als Film- und Theaterkritiker, später als Dramaturg in Stendal, Oldenburg, Basel und Bonn. Zur Zeit ist er Dramaturg am Thalia Theater in Hamburg. 1998 erhielt er für seinen Debütroman *Vom Wasser* den Ernst-Willner-Preis in Klagenfurt und den aspekte-Literaturpreis. Neben Prosa und zahlreichen Theaterstücken veröffentlichte er die Romane *Zeit des Verschwindens* (2000) und *Ego* (2002).
»Der Autor, der sein eigenes Medium wird, erbt damit auch das uralte Problem des Erzählers und Schauspielers. Auf Lesungen reicht es nicht, einen glaubwürdigen Roman geschrieben zu haben.«

FRANZOBEL, geboren 1967 in Vöcklabruck (Oberösterreich). Bis 1991 war er bildender Künstler. Lebt in Wien. Er erhielt zahlreiche Auszeichnungen, darunter 1995 den Ingeborg-Bachmann-Preis und 1998 den Kasseler Literaturpreis für grotesken Humor. Zuletzt erschienen von ihm die Romane *Scala Santa oder Josefine Wurznbachers Höhepunkt* (2000) und *Lusthaus oder Die Schule der Gemeinheit* (2002) sowie neben den Prosastücken *Shooting Star* (2001) und *Mundial. Gebete an den Fußballgott* (2002) das Kinderbuch *Die Nase* (2002). Eine Auswahl der Texte, die sich auf Franzobels mittlerweile mehr als 500 Lesungen am besten bewährt haben, ist unter dem Titel *Best of. Die Highlights* (2001) erschienen.

BERNT HAHN, geboren 1945. Arbeitet als Schauspieler und Sprecher für Rundfunk und Fernsehen. Seit 1997 liest er mit Peter Lieck Prousts *Auf der Suche nach der verlorenen Zeit*. Das Hörbuch zu dieser Lesung wurde im Jahre 2003 zweimal für den Deutschen Hörbuchpreis nominiert, u.a. in der Kategorie »Beste Interpretation«. Hahn zu seiner Erfahrung bei der Lektüre von Proust: »Das ist beim Lesen wie der Gang durch eine riesige alte Kathedrale, deren zahllose Säulen und Bögen es nie zu einem erschöpfenden Überblick kommen lassen, in der sich stattdessen ständig neue, überraschende Perspektiven auftun, so geräumig auch, daß man sich in ihr verlaufen kann, und bei der man doch bei jedem einzelnen Stein die Erfahrung macht, daß er in einem wohldurchdachten Bezug zu der Gesamtstruktur an seinem Platz ist, der deshalb ein anderer gar nicht sein könnte. Und das ist, wie jeder weiß, der diese Erfahrung gemacht hat, nicht nur ein optisches sondern vor allem ein akustisches Phänomen, geprägt durch Ereignisse wie Klang, Hall und Echo.«

JUDITH HERMANN, geboren 1970 in Berlin. Erhielt 1997 das Alfred-Döblin-Stipendium der Akademie der Künste. 1998 erschien ihr erstes Buch *Sommerhaus, später*, das mit zahlreichen Preisen bedacht wurde. *Nichts als Gespenster*, ihr zweites Buch, war eines der meistverkauften Bücher des Jahres 2003. Die Lesungstournee zu diesem Buch umfaßte über 100 Auftritte vor ca. 40.000 Besuchern.
»Ich lese so gerne Erzählungen, weil ich dieses offene Ende und die Überforderung und die Ratlosigkeit mag und mich die Figuren noch begleiten können, weil ich weiter über sie nachdenken kann.«

HAUKE HÜCKSTÄDT, geboren 1969 in Schwedt/Oder. 1995–2001 in der Leitung des Literarischen Salons Hannover tätig. Lebt in Göttingen und leitet dort seit 2001 das Veranstaltungshaus Das Literarische Zentrum. Von ihm erschien zuletzt *Neue Heiterkeit*, Gedichte (2001). Als Herausgeber veröffentlichte er *Dominik Graf – Verstörung im Kino (ein Gespräch)* und *Sujata Bhatt – Nothing is Black, Really Nothing*, Gedichte (beide 1998).
»Die Gestaltung und Ausrichtung eines Kultur beziehungsweise Literatur vermittelnden Hauses verlangt nicht weniger nach Künstlerschaft als die Umsetzung eines Spiel-, wahrscheinlicher aber Dokumentarfilms, als die Leitung einer Theaterbühne oder als die Redaktion eines vielgestaltigen Feuilletons in Personalunion.«

BENEDIKT GEULEN, geboren 1963 in Aachen. Nach der Ausbildung zum Sortimentsbuchhändler bei der Buchhandlung Backhaus in Aachen Tätigkeit im Kunsthaus Welker in Heidelberg. Mit Eröffnung des Ludwig Forums der Stadt Aachen Aufbau und Leitung der dortigen Museumsbuchhandlung. Seit 1996 Aufbau und Leitung der M7 Buchhandlung im Mediapark Köln. M7 bietet, z. T. mit Kooperationspartnern wie Kulturamt, Literaturhaus und anderen Institutionen, regelmäßig Autorenlesungen an.
»Was kann für eine Beschäftigung mit Literatur motivierender sein, als in einen direkten Dialog zwischen Autor und (potentiellem) Leser einzutreten, bzw. ihn zu inszenieren?«

GEORG KLEIN, geboren 1953 in Augsburg, lebt in Ostfriesland. Seine Romane *Libidissi* (1998) und *Barbar Rosa* (2001) und Erzählungen – gesammelt in den Bänden *Anrufung des Blinden Fisches* (1999) und *Von den Deutschen* (2002) – wurden u.a. mit dem Brüder-Grimm-Preis und dem Ingeborg-Bachmann-Preis ausgezeichnet.
»Wundersame Lesungen, die ich beschwingt verließ, habe ich hinter mir –

und andere, aus denen ich mich quasi hinkend davonschlich. Beides gilt für beide Seiten der Veranstaltung: für die performative Autorschaft wie für das Zuhörer-Sein. Daher würde es mich nicht wundern, wenn mir diese zwei Formen der literarischen Teilhabe eines Tages wie siamesische Zwillinge gemeinsam verstürben.«

MICHAEL LENTZ, geboren in 1964 in Düren. 2000 Promotion mit dem Thema »Lautpoesie nach 1945«. Seit 1989 Mitglied im Ensemble des Komponisten Josef Anton Riedl. Lebt in Berlin. 1998 gewann er den Poetry Slam, 2001 den Ingeborg-Bachmann-Preis und 2002 den Literatur-Förderpreis zum Hans-Erich-Nossack-Preis. Zuletzt erschienen *Zungendresche*, Sprechakte (2002, Buch mit CD), *Muttersterben*, Prosa (2002), *Ende gut*, Sprechakte (2002) und der Lyrikband *Aller Ding* (2003).
»Inszenierung, nicht im Sinne des Theaters, ist mir sehr wichtig. Aber eben nicht Vorinszenierung bis zur abrufbaren Pose, die ich jeden Abend wiederholen könnte. Ich will mich auch selbst noch überraschen können, sonst habe ich bei einer Lesung, bei einem Konzert, auf der Bühne etc., keine Freude mehr.«

NORBERT NIEMANN, geboren 1961 in Landau/Isar, lebt in Chieming am Chiemsee. Mehrfach Mitherausgeber der Literaturzeitschrift »Akzente«. Er veröffentlichte die Romane *Wie man's nimmt* (1998) und *Schule der Gewalt* (2001), 2003 erscheint *Inventur. Deutsches Lesebuch 1945 – 2003*, gemeinsam herausgegeben mit Eberhard Rathgeb. Seit dem Ingeborg-Bachmann-Preis 1997 immer wieder unterwegs auf Lesereise, in Schulen bisher ca. 40 Lesungen.
»Ein Buch ist eine Brücke, ein Medium, und der Job des Schriftstellers besteht darin, alles dafür zu tun, daß es als Medium funktioniert. Schreibend legt der Autor die Leitungen, bei seinen öffentlichen Auftritten sorgt er dafür, daß die Anschlüsse frei bleiben.«

BRIGITTE OLESCHINSKI, geboren 1955 in Köln, lebt und arbeitet als Lyrikerin, Essayistin und Zeithistorikerin in Berlin. 1998 erhielt sie den Peter-Huchel-Preis, 2001 den Ernst-Meister-Preis. Sie veröffentlichte die Gedichtbände *Mental Heat Control* (1990) und *Your Passport is Not Guilty* (1997), an Prosa erschien von ihr *Die Schweizer Korrektur* (1995, gemeinsam mit Durs Grünbein und Peter Waterhouse) sowie *Reizstrom in Aspik. Wie Gedichte denken* (2002).
»Poesie ist die eigensinnigste Form, die Form, die am meisten Raum braucht. Poesie ist Körper, nicht nur Stimme, sondern der gesamte Körper. Und die Performance hat mir die Möglichkeit gegeben, das zum ersten Mal wirklich auszubuchstabieren, zu zeigen, wie weit Poesie reichen kann.«

STEPHAN POROMBKA, Juniorprofessor für Kulturjournalismus und Literatur an der Universität Hildesheim, Autor, Spoken-Word-Artist und Ameisenforscher. 1999 Promotion über die Phantasien der digitalen Kultur. 2001 veröffentlichte er die Monographien *Hypertext. Zur Kritik eines digitalen Mythos* und *Felix Krulls Erben. Die Geschichte der Hochstapelei im 20. Jahrhundert.*

Vergaß einst in der Volksbühne, Berlin, seinen Text, stotterte, stockte, schwieg schließlich ganz und wollte schon aufgeben und nach Hause gehen, als plötzlich Stille im Saal war, etwa eine verdammte lange Stunde oder länger noch absolute Todesstille, bis er, mit einem Mal, von einem immer rasender werdenden Publikum, freundlich und bedrohlich zugleich, in seinen Text zurückgejubelt wurde.

RICHARD POWERS, geboren 1957, lebt in Urbania, Illinois. Bisher veröffentlichte er sieben Romane. Auf deutsch erschienenen *Galatea 2.2* (1997) und *Schattenflucht* (2002). Letzteres ein Roman über die (literarische) Einbildungskraft und die künstliche Realität, den »Raum« der Literatur.
»Es ist der Drang, der uns überhaupt zum Lesen bringt: Zu hören, wie die Geschichte der Welt sich anhört, wenn ein anderer sie erzählt.«

MONIKA RINCK, geboren 1969, lebt in Berlin. Zuletzt erschien von ihr *Begriffsstudio* (2002), einsehbar unter www.begriffsstudio.de
»Die Lesung ist genaugenommen und jenseits ihrer Säulenheiligen eine recht billige Kulturtechnik. Die Berliner Lesung wird begünstigt durch alle Formen der Berliner Ökonomie: Zeitverlust, Verschwendung, Heilserwartung, Mangelwirtschaft.«

WALTER VAN ROSSUM, geboren 1954. Kritiker, Autor, Moderator der Funkhausgespräche des WDR. Hat im Laufe der Zeit kapiert, wie wenig Gespräch wir sind – und träumt trotzdem weiter vom Gesang.

HARRY ROWOHLT, geboren 1945 in Hamburg, lebt in Hamburg. Übersetzer, Rezitator, Zeit-Kolumnist und Gelegenheits-Schauspieler in der »Lindenstraße«. Er hat weit über 100 Bücher aus dem Englischen ins Deutsche übertragen, darunter A.A. Milnes *Pu der Bär*, Frank McCourts Bestseller *Die Asche meiner Mutter*, Shel Silversteins *Raufgefallen* und Roger Boylans *Killoyle*. 1996 wurde er zum »Ambassador of Irish Whiskey« ernannt, 1997 wurde ihm der »Brüder-Grimm-Preis der Stadt Hanau« verliehen, 1999 der »Johann-Heinrich-Voß-Preis« und 2001 der »Göttinger Elch«. Außerdem hat er 2000 die Goldene Schallplatte für 250.000 verkaufte Pu der Bär-CDs bekommen.
»Die Aufmerksamkeitsspanne von Erwachsenen ist genauso lang wie bei Kindern: maximal zweieinhalb bis drei Minuten. Und deshalb muß immer was passieren. Man muß das Publikum irgendwie erschrecken.«

JOHANNES ULLMAIER, geboren 1968. Mitherausgeber der Reihe *testcard – Beiträge zur Popgeschichte*. Er veröffentlichte die Monographien *Pop Shoot Pop. Über Historisierung und Kanonisierung in der Popmusik* (1995), *Kulturwissenschaft im Zeichen der Moderne* (2001) und *Von Acid nach Adlon und zurück – Eine Reise durch die deutschsprachige Popliteratur* (2001). Als Herausgeber veröffentlichte er *Luigi Russolo: Die Kunst der Geräusche* (2000).
Geht auf jede Lesung, hält die Stirn beim Zuhören in die Hand gestützt und fragt im Anschluß: »Warum schreiben Sie?«

Dieses Buch ist Ergebnis meiner Arbeit für das Literaturhaus Köln. Es hätte nicht entstehen können ohne den Austausch mit den Gästen, die das Literaturhaus seit 1999 besucht haben. Ich danke Bettina Fischer, der Geschäftsführerin des Literaturhauses, für das langjährige Gespräch über Lesungen, sowie Beirat und Vorstand des Literaturhauses Köln für die kreative, gute Zusammenarbeit.
Thomas Böhm, Oktober 2003

Detaillierte Hinweise zur Organisation von Lesungen sowie eine laufende Fortschreibung der Auseinandersetzung mit Theorie und Praxis der Lesung finden sich auf der von Thomas Böhm edierten Homepage www.lesungslabor.de

www.tropen-verlag.de

Gestaltung: Tropen Verlag mit
Wigger Bierma & Ingo Offermanns, Arnheim
Umschlagillustration unter Verwendung einer Fotografie von Renate von Mangold
Lektorat: Ulf Müller
Satz: Jörn Damkröger, Bünde
Druck: Fuldaer Verlagsagentur

ISBN 3-932170-67-9

Herausgeber und Verlag danken den folgenden Institutionen für ihre freundliche Unterstützung:

KUNSTSTIFTUNG NRW

Börsenverein des Deutschen Buchhandels - Landesverband Nordrhein-Westfalen e.V.